769719

JOHN STEINER

Narzißtische Einbrüche: Sehen und Gesehenwerden

Scham und Verlegenheit bei pathologischen Persönlichkeitsorganisationen

Herausgegeben und mit einem Vorwort von
Heinz Weiß und Claudia Frank

Aus dem Englischen von
Isolde Mäder-Kruse, Antje Vaihinger,
Peter Vorbach und Heinz Weiß

KLETT-COTTA

Gedruckt mit Unterstützung der Robert Bosch Stiftung sowie der Abteilung für Psychosomatische Medizin am Robert-Bosch-Krankenhaus, Stuttgart

Klett-Cotta
www.klett-cotta.de
© J. G. Cotta'sche Buchhandlung Nachfolger GmbH, gegr. 1659,
Stuttgart 2006
Alle Rechte vorbehalten
Fotomechanische Wiedergabe nur mit Genehmigung des Verlags
Printed in Germany
Umschlag: heffedesign, Rodgau
Gesetzt aus der 11 Punkt Adobe Caslon von Offizin Wissenbach,
Höchberg bei Würzburg
Auf säure- und holzfreiem Werkdruckpapier gedruckt
und gebunden von fgb, freiburger graphische betriebe
ISBN-13: 978-3-608-94407-5
ISBN-10: 3-608-94407-9

Bibliographische Information Der Deutschen Bibliothek
Die Deutsche Bibliothek verzeichnet diese Publikation in der
Deutschen Nationalbibliographie; detaillierte bibliographische
Daten sind im Internet über <http://dnb.ddb.de> abrufbar

Inhalt

EINFÜHRUNG
Sehen und Gesehenwerden im Werk John Steiners   7
(von Heinz Weiß und Claudia Frank)

KAPITEL 1
Fortschritte in einer Analyse, Verlegenheit und Empörung   21

KAPITEL 2
Das Auftauchen aus einem Ort des seelischen Rückzugs   45

KAPITEL 3
Die Angst vor Demütigung und Spott   67

KAPITEL 4
Ein Patient mit Visionen   89

KAPITEL 5
Blick, Vorherrschaft und Erniedrigung im »Fall Schreber«   117

KAPITEL 6
Sehen und Gesehenwerden – narzißtischer Stolz und
narzißtische Demütigung   143

LITERATUR   165

QUELLENNACHWEISE   171

[Einführung]

Sehen und Gesehenwerden im Werk John Steiners

Der vorliegende Band umfaßt sechs Aufsätze und Vorträge, die John Steiner in den Jahren 1997–2005 in Deutschland, Großbritannien und Italien gehalten hat. Sie gruppieren sich um das zentrale Thema des Sehens und Gesehenwerdens und setzen damit einen Schwerpunkt fort, der den Autor bereits in seinem Werk *Orte des seelischen Rückzugs. Pathologische Persönlichkeitsorganisationen bei psychotischen, neurotischen und Borderline-Patienten* (1993) beschäftigt hatte. Wurden dort Zufluchtsorte beschrieben, die den Patienten vor quälender Angst und unerträglichem seelischen Schmerz schützen sollen, so setzt sich Steiner nun mit der Frage auseinander, welchen Gefühlen sich diese Patienten gegenübersehen, wenn sie ihren Zufluchtsort verlassen, um sich der Erfahrung des Gesehenwerdens auszusetzen. In der psychoanalytischen Behandlung stellt dieses Sich-Hervorwagen einen kritischen Augenblick dar, welcher den Patienten – und manchmal auch den Analytiker – mit Gefühlen von Scham und Verlegenheit konfrontiert. Von der Art und Weise, wie es gelingt, diese Gefühle aufzunehmen, gemeinsam durchzuarbeiten und zu verstehen, hängt es ab, ob weitere Fortschritte möglich sind oder ob sich der Patient erneut in ein Versteck zurückzieht.

Die Auseinandersetzung mit dieser klinischen Situation hat John Steiner in seinem Borderline-Seminar an der Londoner Tavistock Clinic sowie in zahlreichen Gesprächen mit Mitarbeitern und Kollegen zu einer eingehenden Beschäftigung mit der Erfahrung des Sehens und Gesehenwerdens geführt. Er wirft zum Beispiel die Frage auf, was der Säugling in den Augen der Mutter sieht, während er an ihrer Brust genährt wird. Für Steiner tritt der Blickkontakt schon früh zu den primären Sinneserfahrungen des Berührens, Schmeckens und Riechens hinzu und verleiht dieser Beziehung eine einzigartige Form. Die Mutter wird damit nicht zur zum begehrten Objekt, sondern auch zur ersten Repräsentation einer *beobachtenden Figur*. Viel hängt nun davon ab, wie die Mutter den Blick des Säuglings aufnimmt und was sie umgekehrt von ihrem eigenen inneren Zustand mitteilt, wenn sie ihrem Kind in die Augen blickt. Dabei kommt der Richtung des Blickes eine wichtige Bedeutung zu. Denn das Auge dient nicht nur als Wahrnehmungsorgan, um die unbekannte äußere und innere Wirklichkeit aufzunehmen, es kann auch als Projektionsorgan verwendet werden, um etwas über den inneren Zustand des Schauenden auszudrücken und denjenigen, der angeschaut wird, damit zu affizieren. Schon früh erkennt der Säugling, daß Sehen und Gesehenwerden ein wechselseitiger Vorgang ist, wobei sich die Erfahrung des Beobachtetwerdens mitunter auf schmerzliche Weise mit dem Erleben von Selbstbewußtsein, Scham und Verlegenheit verknüpft. Jemanden in die Augen zu blicken, schließt deshalb unvermeidlich die Bereitschaft ein, zu sehen und gesehen zu werden.

Mit der Erfahrung des Blicks kommt demnach die Dimension der *Bedeutung* ins Spiel, welche den Kontakt zwischen Mund und Brust erweitert und vertieft. Sie integriert die verschiedenen Teilobjekt-Erfahrungen, sie schafft Abstand und öffnet den Raum für ein drittes Objekt, welches sowohl mit der Mutter als auch mit dem Säugling in Beziehung steht. Genau in diesem Sinn sind Sehen und Gesehenwerden für John Steiner unauflöslich mit der Vorstellung einer dritten Position verbunden – d. h. mit der Idee des Ödipuskomplexes. Das Auftauchen des Vaters erhöht die

Komplexität der wechselseitigen Beziehungen. Er unterbricht den intensiven Kontakt zwischen Mutter und Kind, wenn diese nur für einander ein Auge haben, und führt in die Einheit der Mutter-Kind-Beziehung die Wahrnehmung des elterlichen Paares ein, von dem das Kind aufgrund seiner Kleinheit und Unreife ausgeschlossen bleibt. Dies kann zu Gefühlen der Abhängigkeit, der Unterlegenheit und der Demütigung Anlaß geben, die ebenfalls über den Blick vermittelt werden.

Erscheint die Realität der Generations- und Geschlechtsunterschiede, wie sie durch die ödipale Situation vermittelt werden, unerträglich, so werden manchmal komplexe Mechanismen ins Spiel gebracht, um diese »Lebenstatsachen« (Money-Kyrle 1971) zu mißrepräsentieren. In seinem Buch *Orte des seelischen Rückzugs* (1993) hatte John Steiner einen solchen Mechanismus als »*der Realität ein blindes Auge zuwenden*« (*turning a blind eye*) beschrieben. Er führt dazu, daß die Realität *zugleich* scheinbar anerkannt und heimlich verleugnet wird, was zu einer charakteristischen Pseudoakzeptanz der Wirklichkeit führt. Freud hatte einen ähnlichen Vorgang in seinen Arbeiten über den Fetischismus (1927e) und die Ichspaltung im Abwehrvorgang (1940e) beschrieben. Steiner konnte zeigen, wie der Widerspruch zwischen diesen gegensätzlichen Sichtweisen durch die Einführung perverser Argumente so gut wie unsichtbar gemacht wird – ein Vorgang, den er vor allem bei Patienten mit einer Borderline-Persönlichkeitsorganisation aufwies.

Auf dieses Phänomen war er bereits zuvor, in zwei Arbeiten über die Ödipus-Dramen des Sophokles, aufmerksam geworden (Steiner 1985; 1990), die den Ausgangspunkt für eine Reihe weiterführender Überlegungen bilden. Über die klassische Interpretation hinausgehend, hatte Steiner darin argumentiert, daß Ödipus sehr wohl über ein Halbwissen von seinem Vatermord verfügte. Anstatt die vielen Hinweise, die darauf hindeuteten, ernst zu nehmen, zog es Ödipus vor, dem, was er bereits wußte, ein blindes

Auge zuzuwenden und die Realität mit Hilfe immer neuer Argumente zu mißrepräsentieren. Erst als die Evidenz überwältigend wird und er die Tatsachen nicht länger leugnen kann, entschließt er sich, sich seiner Schuld zu stellen und seine Verleugnung aufzugeben. Als er jedoch im Palast von Theben den Selbstmord seiner Mutter entdeckt, wird diese Schuld für ihn unerträglich, und Ödipus nimmt sich in einer verzweifelten Tat mit den goldenen Haarnadeln seiner Mutter das Augenlicht. Steiner versteht diesen Angriff auf das eigene Sehvermögen als verzweifelten Versuch der Vermeidung von Verlust und unerträglicher Schuld, und er zeigt, wie sich der blinde Ödipus im zweiten Drama *Ödipus auf Kolonos* weg von der Wahrheit hin zur Allmacht in eine eher psychotische Form von seelischem Rückzug bewegt. Beidemal jedoch hat das Sehen und Nichtsehenwollen mit unterschiedlichen Formen der Anerkennung bzw. Verleugnung der Realität zu tun.

Wird Ödipus im ersten sophokleischen Drama *König Ödipus* gewissermaßen als Borderline-Patient präsentiert, der von eigenen Traumen geprägt immer wieder neue Traumen und Katastrophen kreiert, so vermutet Steiner im zweiten Drama einen psychotischen Rückzug, in dem Ödipus jede Schuld abstreitet und sich schließlich zu göttlicher Größe erhebt. In beiden Fällen dient der Rückzug als »Versteck«, welches nicht nur vor paranoid-schizoiden und depressiven Ängsten Schutz gewährt, sondern auch vor unerträglichen Scham- und Schuldgefühlen schützen soll, wie sie mit der Erfahrung des Gesehenwerdens verbunden sind.

An die Veröffentlichung seiner *Orte des seelischen Rückzugs* anschließend, hat John Steiner in den Folgejahren in einer Reihe von Arbeiten verschiedene Versionen der Ödipus-Situation untersucht. Er analysierte den *Kampf um Vorherrschaft in der ödipalen Situation* (Steiner 1999), und er beschrieb pathologische Persönlichkeitsorganisationen, die auf Stolz, Groll- oder Rachegefühlen beruhen (Steiner 1997). In diesem Zusammenhang legte er eine Analyse der Beziehungen zwischen Neid, Verletzung und Groll sowie zwischen Trauer-, Scham- und Schuldgefühlen vor, die in den hier publizierten Arbeiten weitergeführt wird. Wann immer diese Gefühle offener ausgedrückt und in der Übertragungssituation angesprochen werden können, ergibt sich die Gelegenheit für Entwicklung und Fortschritt. Oft genug ist der Kontakt mit ihnen jedoch nur kurze Zeit möglich und der Patient zieht sich anschließend erneut an einen Zufluchtsort zurück. Genau diese Momente sollte der Analytiker nach Steiner sorgfältig registrieren und interpretieren. Denn in der Behandlung geht es immer um ein oszillierendes Gleichgewicht zwischen der falschen Sicherheit einer pathologischen Organisation und den – zunächst ungewissen und angstmachenden – Bewegungen in Richtung einer neuen Integration.

In der analytischen Situation haben Sehen und Gesehenwerden die symbolische Bedeutung von *Verstehen* und *Verstandenwerden*. Gleich dem Kind in der frühen Beziehung zur Mutter muß der Patient das Gefühl haben, daß der Analytiker bereit ist, seine innere Welt in sich aufzunehmen. Zugleich geht es für den Analytiker aber auch darum, sich aus dem inneren Szenario des Patienten wieder herauszulösen und ihm gegenüber eine dritte, beobachtende Position einzunehmen. Häufig wird dies aber nur partiell oder vorübergehend möglich sein; denn es ist fast unvermeidlich, daß der Analytiker auf die eine oder andere Weise in eine Identifikation mit den inneren Objekten des Patienten hineingezogen wird. Steiner untersuchte diesen Konflikt in seiner Arbeit *Identifikation und Imagination* (1998a) sowie in *Containment, enactment and communication* (2000), und er wies später darauf hin, wie sehr sich der Patient durch das Gesehenwerden bloßgestellt fühlen kann. Nicht selten macht er dies dem Analytiker zum Vorwurf und zettelt einen Streit an, der es ihm erlaubt, sich in eine Konfrontation zurückzuziehen (Steiner 1998b).

Wenn direktes Verstehen nicht ertragen werden kann, muß der Analytiker manchmal abwarten und kann mit seinen Deutungen zunächst nur das Bild untersuchen, welches der Patient in diesem Augenblick vom ihm kreiert. Steiner (1993) nennt diesen Deutungstyp »*analytikerzentriert*« und unterscheidet ihn von den klassischen, »*patientenzentrierten*« Deutungen, die sich darauf konzentrieren, was im Patienten vorgeht. Während letztere Deutungen direktes Verstehen anbieten, vermitteln analytikerzentrierte Deutungen ein Gefühl von *Verstandenwerden*. Häufig bilden sie die Voraussetzung dafür, um in einem zweiten Schritt zu patientenzentrierten Deutungen überzugehen.

Wie können wir also eine Position finden, die es uns ermöglicht, den Patienten zu verstehen? Und wie können wir ihm helfen, den Schmerz des Verstandenwerdens zu tolerieren? Es sind dies einige der Fragen, mit denen sich John Steiner im vorliegenden Buch auseinandersetzt.

Im ersten Kapitel *Fortschritte in einer Analyse, Verlegenheit und Empörung* greift er auf seine Theorie der pathologischen Persönlichkeitsorganisationen zurück und untersucht die Frage, welchen Problemen sich der Patient gegenübersieht, wenn er sich aus der Zuflucht, die eine solche Organisation gewährt, herausbewegt. In seinem Buch hatte er dazu formuliert: »Gelingt es dem Analytiker, einige dieser Vorgänge besser zu verstehen, so wird er auch die Situation des Patienten klarer erkennen können und ihm immer dann, wenn er sich hervorwagt, um einen Kontakt zu ermöglichen, zur Verfügung stehen« (1993, S. 34). Im vorliegenden Fall setzte der Fortschritt in der Analyse den Patienten Empfindungen der Verlegenheit und Verletzlichkeit aus, und um diese zu vermeiden, zog er sich in ein Gefühl von Ungerechtigkeit und Empörung zurück. Wie Steiner zeigt, können solche Abwehrmanöver den Analytiker dazu verleiten, die bereits erreichten Fortschritte zu übersehen und sich seinerseits in eine defensive Auseinandersetzung mit dem Patienten zu begeben. Dabei kann die Empörung, wie Steiner aufzeigt, als Schutz vor Gefühlen der Scham und der Angst vor Wertlosigkeit verstanden werden.

Die Analyse dieser Situation wird im folgenden Kapitel *Das Auftauchen aus einem Ort des seelischen Rückzugs* weitergeführt. Wiederum anhand von detailliertem klinischen Material beschreibt Steiner nun zwei Typen von narzißtischen Organisationen: Während eine destruktiv-narzißtische Struktur, ähnlich den von Rosenfeld (1971) beschriebenen mafiaähnlichen Banden, das bedürftige Selbst mit Demütigung und Vergeltung bedroht, kann im Verlauf der Analyse allmählich eine weniger pathologische Organisation zum Vorschein kommen, die vor allem der Abwehr von Schuldgefühlen und depressiven Ängsten dient. Anstelle von Verfolgung und Erniedrigung fürchtet der Patient nun, ausgelacht oder beschämt zu werden, wann immer er sich guten Objekten zuwendet oder Versuche unternimmt, selbständig zu denken. Steiner beschreibt die zugrunde liegende ödipale Konfiguration und zeigt auf, wie Idealisierung verwendet werden kann, um das Erleben von Ambivalenz und Unzulänglichkeiten abzuwehren. Er skizziert ein Spektrum von Schamgefühlen, das von Entehrung, Demütigung und Schande bis hin zu weniger erniedrigenden Gefühlen wie Schüchternheit, Befangenheit und Verlegenheit reicht. Ihnen entsprechen unterschiedliche Formen von pathologischen Organisationen, die entweder auf Groll und Rache oder auf schmerzlicheren Gefühlen der Schuld und Unzulänglichkeit beruhen. Je nachdem, welche Erfahrungen im Vordergrund stehen, variiert die Position des Beobachters und ergeben sich in Übertragung und Gegenübertragung unterschiedliche Konstellationen.

Eine solche Konstellation wird in Kapitel 3 *Die Angst vor Demütigung und Spott* näher untersucht. Ausgangspunkt ist die Beobachtung, daß die Angst vor Demütigung und Bloßstellung oft den Anlaß für einen erneuten Rückzug bildet, wobei der Beschämte Teil der Beobachtergruppe wird und jemand anderen für die Rolle des Opfers findet, dem die Demütigung aufgezwungen wird. Im konkreten klinischen Beispiel verließ der Analysand die Couch, um sich auf einem Sessel einzurichten, von wo aus er den Analytiker beobachten und ihn Gefühlen des Unbehagens und der Verlegenheit aussetzen konnte. Bei dieser Rollenumkehr können die Augen aus unterschiedlichen Motiven dazu benutzt werden, um in das Objekt einzudringen, es zu erniedrigen und aus seiner Demütigung voyeuristische Erregung zu beziehen. Die Angst des Patienten vor Demütigung steht deshalb in einem direkten Verhältnis zu seiner eigenen Tendenz, andere zu beobachten und zu demütigen. Im vorliegenden Fall zeigt Steiner, daß hierbei Konflikte um Macht und Autorität in der ödipalen Situation eine entscheidende Rolle spielen. Sobald der Patient diese Beziehung nicht mehr umkehren und die damit verbundenen Erfahrungen nicht mehr projizieren muß, stellen sich – anstelle von Triumph und Rache – oft ausgeprägte Scham- und Schuldgefühle ein. Dabei kennzeichnet Schuld die Beziehung zum begehrten Objekt, wohingegen Scham die Beziehung zum beobachtenden Objekt charakterisiert. Steiner weist nach, daß ein Übermaß an Scham das Durcharbeiten von Schuldgefühlen erschwert. Behandlungstechnisch stellt sich damit die Frage, wie dem Patienten geholfen werden kann, diese Erfahrungen zu ertragen, so daß ein Übergang von der Scham zu Schuldgefühlen möglich wird. Vieles hängt dabei davon ab, ob es gelingt, die Demütigung zu deuten, ohne den Patienten genau derjenigen Erfahrung auszusetzen, die verstanden werden soll.

Kapitel 4 und 5 behandeln die Rolle des Auges und des Sehens bei psychotischen Persönlichkeitsorganisationen. Steiner (1991) hatte sich damit bereits in einer früheren Arbeit auseinandergesetzt. Am Beispiel eines visionären Systems untersucht er in Kapitel 4 – *Ein Patient mit Visionen* – nun erneut eine auf Omnipotenz beruhende psychotische Organisation. Bezugnehmend auf Überlegungen Freuds (1911c) und Bions (1957), wonach wahnhafte Elemente einen Versuch darstellen, ein beschädigtes Ich zu restituieren, zeigt er, wie die visionären Erfahrungen seinem Patienten ein Gefühl von Größe und innerer Überlegenheit vermittelten. Dies ermöglichte ihm, seinen desolaten Zustand zu verleugnen, während er sich in seinen Visionen einer transzendenten Wirklichkeit zuwandte, in der er für den Analytiker unerreichbar schien. Tatsächlich konstruierte er mit Hilfe seiner architektonischen Visionen seine eigene Realität. Steiner legt dar, wie sehr der Patient ihn kontrollierte, seine Verstehensmöglichkeiten lahmlegte und ihm das Gefühl vermittelte, seinerseits zu falschen theoretischen Konstruktionen Zuflucht zu nehmen, um eigenen katastrophalen Ängsten auszuweichen. Erst als es möglich wurde, in Übertragung und Gegenübertragung eine tieferreichende Verzweiflung des Patienten sichtbar zu machen, gelang es, in kleinen Schritten das Bedrohungsgefühl herauszuarbeiten, das dem Patienten durch die Verstehensbemühungen des Analytikers widerfuhr. Er fürchtete nämlich, seine subjektive Realität werde durch dessen Deutungen auf die gleiche omnipotente Weise negiert, wie er selbst den ruinösen Zustand seiner inneren Welt verleugnen mußte, indem er sich in Visionen von Größe und Erhabenheit zurückzog. Auf diese Weise erreichte er »Stabilität auf Kosten von Bedeutung« und konstruierte ein visionäres System, »das aus festen Gebäuden von Größe und Schönheit, aber ohne Bedeutung und Leben besteht«. Dabei lassen sich die Visionen als Umkehrung des Sehvorgangs (vgl. Meltzer 1984, S. 142), das heißt als Ersetzung der Wirklichkeit durch omnipotente Schöpfungen verstehen.

Vor diesem Hintergrund legt John Steiner in Kapitel 5 – *Blick, Vorherrschaft und Erniedrigung im »Fall Schreber«* – eine Neuinterpretation von Freuds (1911c) Schreber-Analyse vor. Für Steiner begann Schrebers Erkrankung als schwere Depression und entwickelte sich erst zur Paranoia, als die Erfahrung von Wertlosigkeit und Erniedrigung für ihn unerträglich wurde. Mithilfe der paranoiden Abwehr konnte er Verantwortung und Schuld projizieren, geriet aber in einen chaotischen Überlebenskampf, als die defensive Spaltung zunehmend in eine Fragmentierung sowohl seines Selbst als auch seiner Verfolger überging. Hier bot die Konstruktion eines kosmoreligiösen Wahnsystems einen Zufluchtsort, der Schreber vor Verfolgung und Desintegration schützen konnte und die Demütigung durch die Identifizierung mit einer erlösenden Weiblichkeit und einer erotisierten Unterwerfung unter den Vater annehmbarer machte. Steiner interessiert sich vor allem für die Übergänge zwischen diesen Zuständen, und er geht der Frage nach, wieso die klinische Besserung Schrebers nur durch eine auf Wahn beruhende Pseudointegration, nicht aber durch eine auf die Realität gegründete, echte Integration zustande kam. Von zentraler Bedeutung erscheint ihm dabei das Fehlen eines aufnehmenden Objekts, zu dem Schreber hätte aufschauen können, um von seinem Leiden Entlastung zu finden. Statt dessen blickten seine Verfolger auf ihn herab und versuchten ihn zu verhöhnen und zur Unterwerfung zu zwingen. Steiner zeigt, daß Schrebers Gott keine Fehler duldet und keine Nachsicht kennt – in Schrebers Worten: er ist nicht in der Lage, aus Erfahrungen zu lernen. In analogem Sinn vertrat Schrebers Vater ein auf Körperübungen und rigiden moralischen Prinzipien gegründetes Erziehungsideal und hing sein Psychiater, Prof. Flechsig, einem neuropsychiatrischen Überzeugungssystem an, welche die Bedeutung seiner subjektiven Erfahrung auf ganz ähnliche Weise verfehlten. Steiner analysiert Schrebers verzweifelte Suche nach Entlastung von Elend und Leid, und er zeigt auf, wie die psychotische Lösung schließlich zu einer Schamlosigkeit führte, die es Schreber überhaupt erst ermöglichte, eine derart detaillierte Beschreibung seiner eigenen Verrücktheit zu liefern.

Im abschließenden Kapitel 6 *Sehen und Gesehenwerden – narzißtischer Stolz und narzißtische Demütigung* beleuchtet Steiner noch einmal die Balance zwischen narzißtischem Stolz und narzißtischer Demütigung. Er hebt darauf ab, daß eine übergroße Empfindlichkeit gegenüber Demütigung zumeist auf einer vorausgehenden Position narzißtischer Überlegenheit beruht, welche ihrerseits zum Teil als Zuflucht vor Erfahrungen der Bloßstellung und Erniedrigung errichtet wurde. Sobald sich der Patient aus seinem Rückzug herausbewegt, fühlt er sich entweder verfolgender, feindseliger Demütigung oder eher depressiven Erfahrungen der Verlegenheit und der Schuld ausgesetzt. Letztere ermöglichen es ihm, sich seinem Objekt aus einem gewissen Abstand zu nähern, an ihm gute wie auch schlechte Seiten zu erkennen, wie auch umgekehrt mit den eigenen guten und schlechten Seiten gesehen zu werden. Der Blick kann dann zu einem emotional bedeutsamen Kontakt führen, welcher sehr unterschiedliche Gefühle wie Enttäuschung, die Sehnsucht nach Zuwendung, aber auch Trauer, Schamerleben und Neid hervorruft. Werden durch die Erfahrung von Getrenntheit Idealisierungsprozesse gestört, so kann das innere Gleichgewicht durcheinandergeraten. Der Versuch, sich vor dem Gesehenwerden zu schützen, kann jetzt dazu führen, die Richtung des Blicks umzukehren, wobei das Auge nun in einer aggressiven Weise dazu verwendet wird, die Unzulänglichkeiten des Objekts aufzuspüren, durch diese »Spalten« *(gaps)* in sein Inneres einzudringen, um es seiner guten Eigenschaften zu berauben und es genau jener Demütigung auszusetzen, die man selbst befürchtet. In der ödipalen Situation wird die Störung der narzißtischen Vollkommenheit in der Regel der Einmischung einer dritten Person zugeschrieben. Auch hier kann die Beobachtung des Elternpaares voyeuristische Erregung hervorrufen, durch die das Subjekt die Getrenntheit aufhebt und selbst Teil der Urszene wird. Anhand von klinischem Material führt Steiner aus, wie solche Identifizierungen die Erfahrung des Ausgeschlossenseins ungeschehen machen und in ihr Gegenteil verkehren sollen. Brechen diese Abwehrmaßnahmen zusammen, so setzt dies den Patienten im Verlauf der Analyse sehr schmerzlichen Gefühlen aus. Steiner führt aus, wie dann unter Umständen selbst die gewöhnlichen Aspekte der analytischen

Situation wie das Liegen auf der Couch, der Beginn und das Ende der Stunden zu festgelegten Zeiten, das Erblicktwerden durch andere Analysanden oder das Erkanntwerden durch Deutungen dem Patienten extreme Gefühle der Beschämung und dem Analytiker mitunter Schuldgefühle vermitteln können. Er hebt darauf ab, daß es in der Arbeit mit solchen Patienten vor allem darauf ankommt, dem Analysanden in kleinen Schritten eine Akzeptanz für Erfahrungen von Getrenntheit, Bedürftigkeit und Verlust zu ermöglichen und auf diese Weise der narzißtischen Tendenz entgegenzuwirken, diese Gefühle sofort wieder umzukehren und in Stolz, Überlegenheit oder narzißtischen Triumph zu verwandeln.

Die im vorliegenden Band abgedruckten Überlegungen Steiners zu den Erfahrungen des Sehens und Gesehenwerdens stellen einen grundlegenden Beitrag zur Psychoanalyse der Scham aus Kleinianischer Sicht dar. Sie erweitern die bestehenden theoretischen Ansätze (vgl. Wurmser 1981; Seidler 1995) und gehen vor allem auf konkrete behandlungstechnische Fragestellungen ein, die – ohne daß sich der Analytiker darüber immer im klaren ist – von enormer praktisch-klinischer Relevanz sind. Ausgangspunkt sind die theoretischen Konzepte Melanie Kleins sowie die Weiterentwicklungen ihrer wichtigsten Schüler wie W. R. Bion, H. Rosenfeld, R. Money-Kyrle, B. Joseph, H. Rey und – allen voran – H. Segal, welche das klinische Denken John Steiners direkt beeinflußt haben. Seine Positionen zählen wegen ihrer Klarheit und ihres direkten klinischen Bezugs gegenwärtig zu den bedeutsamsten Weiterentwicklungen in der psychoanalytischen Behandlung schwerer Persönlichkeitsstörungen und haben auch schulenübergreifend breite Anerkennung gefunden. Steiner entwickelte seine Ansätze meist unmittelbar aus der Klinik sowie in Seminaren mit Mitarbeitern und Kollegen, unter denen die seit 1995 jährlich gemeinsam mit R. Britton und M. Feldman veranstalteten Londoner *Westlodge-Konferenzen* eine besondere Bedeutung einnehmen.

Zwei der hier abgedruckten Arbeiten wurden in der vorliegenden Form erstmals anläßlich der beiden klinischen Seminare *Seeing and Being Seen: Aspects of Embarrassment* und *Narcissistic Pride and Narcissistic Humiliation* im Mai 2003 bzw. im Mai 2005 in Zoagli, Italien, vor einem kleinen Kreis deutschsprachiger und italienischer Kolleginnen und Kollegen vorgetragen. Der Robert Bosch Stiftung, die diese Veranstaltungen unterstützt hat, gilt unser besonderer Dank, auch für die Übernahme der Übersetzungskosten. Ferner danken wir edition diskord, Tübingen, für die Genehmigung zum Wiederabdruck der Kapitel 1 und 4, welche auf Vorträge John Steiners anläßlich der Tagung »*Pathological Organizations of the Personality as a Defence against Psychic Change*« 2001 in Stuttgart (Weiß & Frank 2002) sowie der 3. Westlodge-Konferenz 1997 in London zurückgehen (Britton, Feldman, Steiner 2001). Die Übersetzung der Arbeiten zum vorliegenden Band wurden von Isolde Mäder-Kruse (Würzburg) und Antje Vaihinger (Gießen), zum ganz überwiegenden Teil aber von Peter Vorbach (Tübingen) besorgt. Ihnen gilt unser besonderer Dank ebenso wie dem Verlag, Oliver Eller und Dr. Heinz Beyer, der uns zur Veröffentlichung dieses Bandes ermutigt und seine Fertigstellung kontinuierlich begleitet hat.

Stuttgart, im August 2005
Heinz Weiß und Claudia Frank

[Kapitel 1]

Fortschritte in einer Analyse, Verlegenheit und Empörung

Im Verlauf einer Analyse kann man nicht selten wichtige und bedeutsame Veränderungen erkennen, die sich aber nicht genau ausmachen lassen und auch nicht wirklich von Dauer sind. Sie lassen sich eher erschließen als nachweisen, werden vielleicht vom Patienten angedeutet oder können sogar benannt werden, sind aber derart in anderes, sich einer Veränderung stärker entziehendes Material eingebunden, daß ihre Bedeutung leicht übersehen wird. Wahrscheinlich ist noch ein weiterer Schritt notwendig, um diese Entwicklungen in eine greifbarere und stabilere Form zu bringen; dieser Schritt scheint eine Offenlegung zu erfordern, die diese Veränderungen erfaßbar und damit explizit macht. Ohne diesen zusätzlichen Schritt bleiben sie im verborgenen und erscheinen manchmal nur als etwas potentiell Mögliches, so daß dem Patienten Konsequenzen jeder Art erspart bleiben und er sich zurückziehen und die Entwicklung verleugnen kann, wenn er sich durch sie bedroht fühlt.

Die Angst davor, neue Entwicklungen anzuerkennen, zeigt sich besonders bei Patienten, die sich durch eine narzißtische Organisation ein Versteck geschaffen haben, das ihnen Schutz vor Bloßstellung bietet und es ihnen erspart, etwas, das sie erreicht haben, an der Realität zu überprüfen. Ich habe diese Verstecke *Psychic Retreats, Orte des seelischen Rückzugs* ([1993] 1999) genannt und beschrieben, wie sie ursprünglich gebildet werden, um das Individuum vor katastrophalen Verfolgungsängsten zu schützen. Auf dem Höhepunkt dieser paranoiden Ängste wird die Angst, aus diesem Versteck hervorzukommen, mit der Angst vor tödlichen Angriffen durch mächtige destruktive Objekte in Verbindung gebracht; und der Rückzug gilt als notwendig, um zu überleben. Wächst die Integration, so verändert sich die Art der Ängste, und das Auftauchen aus dem Rückzug führt dazu, daß der Patient mit depressiven Gefühlen wie Schuld, Bedauern und Verzweiflung in Berührung kommt, die vielleicht noch schwerer erträglich sind. Joan Riviere hat diese Situation in ihrer Arbeit über negative therapeutische Reaktionen dargestellt und Patienten beschrieben, die ein »hochorganisiertes Abwehrsystem« (Riviere [1936] 1996, S. 142) entwickeln, um nicht zu offenbaren, wie verzweifelt und gescheitert und wie unfähig, noch an etwas zu glauben, sie sich fühlen.

Obwohl sich weder Verfolgungsängste noch depressive Ängste je völlig überwinden lassen, möchte ich die Situation genauer untersuchen, in der ein Patient beginnt, sich nicht mehr so bedroht zu fühlen und damit auch nicht mehr so verzweifelt bei dem Gedanken, seinen Rückzug aufzugeben. Während der Patient bis dahin an seinem Rückzugsort festgehalten und befürchtet hatte, mit Gewalt daraus vertrieben und dieses Schutzes beraubt werden zu können, möchte er nun hin und wieder selbst Kontakt aufnehmen und von sich aus etwas tun, um sich direkter der Realität zu stellen. Die Atmosphäre wird hoffnungsvoller und ermutigt beide, Analytiker und Patient, zu der Annahme, daß die Entwicklung weitergehen könnte, und beide fühlen sich dann enttäuscht und frustriert, wenn sie merken, daß es immer noch etwas gibt, das ein Auftauchen des Patienten verhindert. Wenn depressive Gefühle der Verzweiflung und des Scheiterns und das Gefühl vorherrschen, an nichts mehr glauben zu können, zweifelt der Patient daran, daß es in ihm irgend etwas anderes als Schlechtigkeit gibt. In seinen Augen ist es das Ziel der Analyse, ihn unter

Zwang aus seinem Rückzug herauszuholen, um ihn dann einer unerträglichen Beschämung und Demütigung auszusetzen. Jede Besserung seines Zustands heißt, daß auch etwas Gutes in ihm vorhanden sein könnte, aber für den Patienten ist die Möglichkeit, gesehen zu werden, auch weiterhin etwas schmerzhaft Unangenehmes und bringt ihn in schwere Verlegenheit. Das kann dazu führen, daß eine hoffnungsvolle Entwicklung abgebrochen oder wieder umgekehrt wird und Abwehrmechanismen mobilisiert werden, um mit der Verlegenheit fertigzuwerden. Ich möchte insbesondere untersuchen, wie das Gefühl, unfair behandelt worden zu sein, eine Empörung hervorruft, die es dem Patienten zu ermöglichen scheint, seine Verlegenheit durch das Gefühl, im Recht zu sein, zu ersetzen.

Bei dem Patienten, über den ich berichten möchte, war die Angst vor Bloßstellung anfangs mit Zuständen außerordentlicher Demütigung und Beschämung verknüpft. Wenn er sich nicht seiner Überlegenheit und Perfektion rühmen konnte, fühlte er sich klein, wertlos und verachtet. Als er mich später toleranter erleben konnte und das Gefühl hatte, daß ich ihn so akzeptierte, wie er war, veränderte sich die Atmosphäre, und wärmere Gefühle tauchten in ihm auf. Aber er blieb auch weiterhin sehr empfindlich und fürchtete sich davor, beobachtet zu werden. Das Aufgeben seines Rückzugs schien ihm nun neuartige Probleme zu bereiten, die mit Gefühlen der Scheu, Verletzlichkeit und Verlegenheit einhergingen. Die Verlegenheit war nicht so stark ausgeprägt und leichter zu ertragen als die ihm vertraute Demütigung; er verknüpfte die Verlegenheit mit guten Gefühlen und einer weicheren, eher dankbar anerkennenden Seite bei sich. Aber dieser Zustand war immer noch schlimm genug und führte dazu, daß er den Kontakt mit einer hoffnungsvoller wirkenden Stimmung vermeiden mußte und nicht aufrechterhalten konnte.

[23]

Klinisches Material

Status und beruflicher Erfolg waren für diesen Patienten außerordentlich wichtig; er hatte Angst, zu versagen und von anderen verachtet zu werden. Er kam zur Analyse, nachdem er einen akuten Zusammenbruch erlitten hatte. Er klagte über schwere Ängste und Depressionen, die mit einer ihn lähmenden zwanghaften Entscheidungsunfähigkeit, konkretistischem Denken, hypochondrischen Beschwerden und hartnäckigen Rückenschmerzen einhergingen. Nachdem ein Projekt an seinem Arbeitsplatz gescheitert war, hatte er seine Stelle verloren und fühlte sich gewaltsam aus einer zuvor erfolgreichen und überlegenen Position vertrieben. Er war zunächst durch seinen Zustand wie paralysiert, machte sich aber einige Monate nach Beginn der Analyse daran, seine Rehabilitierung zu betreiben. Mit der Unterstützung seines alten Geschäftsführers gelang es ihm, bei einer Firma, für die er früher schon gearbeitet hatte, eine gute, allerdings niedriger dotierte Stelle zu finden.

Es stellte sich bald heraus, daß sein Ehrgeiz durch seinen Zusammenbruch nur vorübergehend angeknackst worden war, und er malte sich aus, daß er bei dieser Firma rasch zu einer Spitzenposition aufsteigen würde oder, in einem alternativen Szenario, triumphierend diese Firma wegen einer wichtigeren Aufgabe verlassen würde. Die Möglichkeit, mit seinen ehrgeizigen Plänen zu scheitern, rief erschreckend intensive Verfolgungsgefühle hervor, die in der Regel seine Klagen über körperliche Beschwerden wieder aufleben ließen. Er bestand dann darauf, daß die Analyse ihm nicht helfe, und lieferte vielfältige Schilderungen über das Unrecht, das er zu erleiden hatte. Er war in dieser Verfassung ganz unzugänglich und erlebte mich als eine maligne Figur, die nur darauf aus war, ihn zurechtzustutzen und ihn für seinen Ehrgeiz zu bestrafen. Er schien wieder auf seine alte und im wesentlichen unveränderte Abwehrorganisation zurückgegriffen zu haben, nur daß jetzt die Analyse einen wichtigen Anteil daran hatte, sie aufrechtzuerhalten.

Im Lauf der Jahre besserte sich sein Zustand allmählich, aber in jüngster Zeit stellten sich grundlegendere Veränderungen ein. Seine Wut ließ nach, und seine Einstellung schien sich nicht nur in seinen Analysestunden, sondern auch in vielen anderen Bereichen seines Lebens zu ändern. Seine Zwangssymptome besserten sich, und die Klagen über körperliche Beschwerden, die in den ersten Analysejahren im Vordergrund gestanden hatten, hörten auf. In seiner Firma wurde er zum anerkannten Experten für ein bestimmtes Gebiet, und er bewältigte eine Reihe unangenehmer Probleme, womit er sich einen gewissen Grad schwer errungener Unabhängigkeit erwarb. Er schien auch wärmere Gefühle für seine Analyse und eine bessere Beziehung zu seinen Eltern entwickelt zu haben. Dank dieser positiveren Gefühle konnte er mir von sehr persönlichen Erlebnissen und Einstellungen erzählen, die er jahrelang für sich behalten hatte und bei denen er sehr empfindlich war. Ich meinte, an dem Patienten wirkliche Veränderungen wahrnehmen zu können, die auch er manchmal, wenn ich sie ihm deutete, anerkennen konnte; sie machten ihn aber nicht zufrieden oder froh und gingen nicht mit positiven Veränderungen in seinem Leben einher. Mir schien, daß er sich dem Auftauchen aus dem *seelischen Rückzug* weiterhin widersetzte, während sich die damit einhergehenden Ängste verändert hatten. Seine wärmeren Gefühle schienen ihm neue Probleme eingetragen zu haben, die mit einem Gefühl der Verletzlichkeit und Verlegenheit einhergingen. Das zeigte sich auch, wenn er etwas Gutes bei sich oder seinen Objekten anerkannte; das ließ ihn »zusammenzucken«, wie er sagte, und führte oft dazu, daß er, ähnlich wie bei einer negativen therapeutischen Reaktion, darauf aus war, alles schlechtzumachen.

Mit dem Herannahen der Sommerpause verstärkte sich die Spannung zwischen uns erneut. Zum Teil brachte ich das mit seiner Frustration, mich nicht kontrollieren zu können, in Verbindung, aber auch mit einem wirklichen inneren Zwiespalt, wenn es um die Bewertung meiner Person und meiner Arbeit ging. Er verlor seine Fähigkeit, an guten Erfahrungen festzuhalten, wenn er enttäuscht und verärgert war, aber daraus entstand jetzt nicht mehr eine so schwere Verfolgungssituation, wie sie früher für seine Analyse kennzeichnend gewesen war. Dagegen kam mir sein immer wieder aufbrechendes Gefühl, ungerecht behandelt worden zu sein, inzwischen etwas künstlich und abwehrend vor.

Im Büro richtete sich sein Ärger in dieser Zeit vor allem darauf, daß ein junger Mann neu als Manager eingestellt und ihm vor die Nase gesetzt worden war. Er konnte nicht akzeptieren, daß seine eigenen Schwierigkeiten dazu beigetragen hatten, daß dieser Manager gebraucht wurde. Er vermochte darin nur eine Degradierung zu sehen und einen Riegel, der seinem Ehrgeiz, in der Firma aufzusteigen, vorgeschoben wurde. Er machte allen klar, daß für ihn mit diesem Mann nur eine Koexistenz, aber niemals eine Kooperation in Frage komme, und er bezeichnete seinen Ärger als »Straßenkoller«, den er mit anderen Situationen verknüpfte, in denen er das Gefühl hatte, sein Karriereweg werde blockiert. Dennoch gab es neben seiner Wut auch Momente, in denen er sowohl die positiven Veränderungen bei sich selbst als auch den Wert, den er der Analyse beimaß, anerkennen konnte.

In dieser Zeit wurde mir allmählich das Interaktionsmuster zwischen uns klarer, bei dem Empörung als Abwehr gegen Verlegenheit zu dienen schien. Oft begann er eine Stunde mit einer mehr oder weniger positiven Feststellung, die mich dazu einzuladen schien, Hoffnung zu schöpfen und darauf zu vertrauen, daß ich einen sinnvollen Kontakt zu ihm herstellen könnte. Allerdings pflegte er zur gleichen Zeit oder kurz danach ein konkurrierendes Thema einzuführen, mit dem ich dazu eingeladen wurde, zu einer kritisierenden Autoritätsfigur zu werden. Typischerweise schilderte er eine Situation, in der er etwas getan hatte, das man als rücksichtslos, grausam oder unehrlich auslegen konnte, und gab sich erst zufrieden, wenn er mich dazu gebracht hatte, Partei zu ergreifen. Ich sollte ihn entweder gegen eine unfaire Beschuldigung in Schutz nehmen oder mich auf die Seite seiner Verfolger schlagen und ihn ebenfalls kritisieren. Obwohl sich dieser Prozeß unzählige Male wiederholt hatte und obwohl ich die mir zugedachte Rolle oft erkannte, konnte ich es dennoch häufig nicht vermeiden, für die eine oder andere Seite Partei zu ergreifen. Schlimmer noch – wenn ich interpretierte, was sich meiner Meinung nach abspielte, klang meine Deutung meistens wie eine ziemlich distanzierte Erklärung, die ihrerseits wieder etwas Kritisches beinhaltete.

Ich fühlte mich frustriert und neigte zu überzogenen Reaktionen, weil ich glaubte, ihn erreichen zu können, wenn ich einem Punkt besonderen Nachdruck verlieh. Er reagierte darauf voller Empörung und beklagte, daß ich ihn nicht verstehen und ins Unrecht setzen würde. Mir schien, daß er oft am Stundenanfang einen wirklicheren und offeneren Kontakt zu mir suchte, aber, sobald das möglich wurde, in eine akute Verlegenheit geriet, die er durch diese Art der Interaktion, die seine Entrüstung herbeiführte, unterbinden konnte. Seine Empörung schien ihm Stärke zu verleihen und ihn manchmal sogar zu erregen, aber er verlor die vorausgegangene positivere Atmosphäre nicht ganz aus den Augen. Dennoch blieb die Situation irgendwie entmutigend, auch wenn sich das Muster nach und nach zum Teil verstehen ließ und eine gewisse Bereitschaft, es anzusprechen, vorhanden war. Eine Zeitlang bemühte ich mich sehr, herauszufinden, wie ich es verhindern konnte, auf diese besondere Weise mit ihm verwickelt zu werden, und machte mir zum Vorwurf, mich so mit ihm zu verfangen. In der letzten Zeit dachte ich dann eher, daß diese Inszenierung zwischen uns wahrscheinlich durchlebt werden mußte, bevor sie erkannt und verstanden werden konnte.

[27]

Erste Stunde

Er begann eine Montagsstunde mit der Bemerkung, ihm sei bewußt, daß nur noch zwei Wochen blieben. Er erklärte, er habe sagen wollen, »bis zur Pause«, aber das hätte geklungen, als wollte er zurückkommen, und es *könnte* sein, daß er sich entschließen würde, aufzuhören. Er meinte, am Wochenende hätte er sich in gewisser Weise normaler gefühlt, sich mit Freunden getroffen, seinen Patenonkel besucht und Zeit mit seiner Familie verbracht.

Dann fuhr er fort, daß ihm auch einiges bei sich klargeworden sei, es gebe da ein Element von Snobismus, anders könne man es nicht nennen, besonders gegenüber X, dem Mann, den man ihm vor die Nase gesetzt hatte. Mit seinesgleichen fühle er sich wohl, aber mit bestimmten anderen Leuten nicht. Er müsse sich auch über seine Einstellung gegenüber Schwarzen klarwerden. Ihm sei aufgefallen, daß es unter den Leuten mit einem aggressiven Fahrstil viele Schwarze gab. Wenn er auf der Straße schwarzen Autofahrern die Vorfahrt lasse, würdigten die das keineswegs, während er ganz im Unterschied zum Dank winke, wenn ihn jemand vorlasse. Dann betonte er sehr, daß er sich bemühe, dies in einer Weise zu erzählen, die mich davon abhalten könnte, mich auf ihn zu stürzen und ihn einen Rassisten zu nennen.

Zunächst versuchte ich zu interpretieren, daß er fürchte, mißverstanden zu werden, aber als jemand gesehen werden wolle, der sich normaler fühle und etwas gegen Snobismus und Rassismus habe. Er reagierte darauf ungeduldig und gereizt und sagte, er wolle nur, daß ich mir die Fakten betrachte, und daß es uns eine Menge Zeit koste, überhaupt voranzukommen. Warum ich so zurückhaltend sei? Warum ich mich nicht mit dem beschäftige, was er eigentlich gesagt hatte? Auch auf meine weiteren Versuche, eine Provokation zu vermeiden, reagierte er gereizt und mit dem Vorwurf, ich sei zu vorsichtig und sagte nicht geradeheraus, was ich meine.

Als nächstes ereignete sich in der Tat etwas, das man nur als Agieren meinerseits verstehen konnte und das mich zu ebender Figur werden ließ, der er nicht hatte begegnen wollen und vor der er mich gewarnt hatte. Es fiel mir schwer, den wesentlichen Inhalt dessen, was er gesagt hatte, aufzugreifen, ohne auf die Frage des Rassismus einzugehen; ich verstand die Situation so, daß ich seinen Zorn auf mich ebenso wie den auf X und die schwarzen Autofahrer erkennen sollte und daß er, wenn er sich in diese Lage geraten fühlte, bereit sei, alle ihm zur Verfügung stehenden Mittel, also auch spöttische Bemerkungen über Rassen und Klassen, einsetzen würde, um mich zu attackieren. Infolgedessen deutete ich seine Wut, fügte aber hinzu, daß er bei sich auch Elemente beschreibe, derer er sich schäme und die ihm nicht gefielen. Und ich sagte noch, was ihm das Gefühl gebe, normaler zu sein, sei vielleicht, daß er seine Einstellungen, die ich erkennen sollte, bedauere. Er widersprach und bestand darauf, er habe nichts davon gesagt, daß er sich schäme, und sehe nicht, wie ich darauf gekommen sei. Er argumentierte, daß es nicht jemandes Hautfarbe oder Akzent sei, was ihn feindselig mache, vielmehr sei es die Tatsache, daß er »X eine Botschaft übermittelt, die dieser nicht anerkennt«, das könne er nicht akzeptieren. Vielleicht komme mir das dumm vor, fügte er hinzu, aber für ihn bleibe es ein Problem. Er könne es nicht ausstehen, wie seine Ansichten ignoriert werden.

Ich deutete, daß er mir genau wie X eine Botschaft geschickt habe – in diesem Fall, daß er es ungerecht finde, wenn er ein Rassist genannt werde. Ich hätte zum Schluß mit ihm gesprochen, als wäre er ein rassistischer Hooligan, und das Resultat sei, daß ich nun nicht nur seine Wut abbekäme, sondern auch den Vorwurf, ungerecht zu sein und ihm nicht zuzuhören. Er antwortete, daß er das für zutreffend halte. Er fügte aber hinzu, daß er an einem Wort wie Hooligan hängenbleibe, vielleicht sei etwas dran, und er müsse es dann akzeptieren, auch wenn er es nicht selbst erkenne. Ich deutete, daß er mir an dieser Stelle anbiete, etwas zu akzeptieren, ohne es wirklich für richtig zu halten – weshalb er es wahrscheinlich immer noch ungerecht finde.

Diskussion der ersten Stunde

Als ich später über diese Stunde nachdachte, hatte ich den Eindruck, daß ich nicht bei dem Thema hatte bleiben können, mit dem er die Stunde begonnen hatte. Er hatte mir etwas Wichtiges mitgeteilt, als er mir sagte, daß er sich normaler fühlte, und er hatte dies erwähnt, nachdem ihm aufgefallen war, daß es nur noch zwei Wochen bis zur Pause waren. Als er merkte, daß er das Ende des letzten Behandlungsabschnitts eine »Pause« nannte, schien er mir damit mitzuteilen, daß er seine Drohung, mit der Analyse aufzuhören, wahrscheinlich wieder zurücknehmen würde. Er schien mehr Großzügigkeit und Dankbarkeit zu empfinden, und er brachte dies in Zusammenhang damit, daß er sich mit Freunden und der Familie getroffen hatte, wie auch mit seiner Bereitschaft, sich über sich und seine Objekte Gedanken zu machen. Ich meine, daß seine Betrachtungen über seinen Snobismus gegenüber X und seine Haltung gegenüber schwarzen Autofahrern zunächst seinen Wunsch zum Ausdruck bringen sollten, mit X und seiner Enttäuschung und Wut auf mich, weil ich ihm in die Quere gekommen war, zurechtzukommen, was auch beinhaltete, sein Omnipotenzgefühl, aus dem heraus er glaubte, alle Hindernisse leicht zur Seite schieben zu können, auf schmerzhafte Weise aufgeben zu müssen.

Mir scheint, er führte das Thema Rassismus nur ein, um mich provozieren zu können und selbst nicht realisieren zu müssen, daß ich ihm eigentlich etwas Gutes zeigen wollte, was ihn verlegen machte. Ich glaube, er dachte nicht wirklich, daß ich mich auf ihn stürzen und ihn als Rassisten beschimpfen würde, sondern er fühlte sich wegen seiner Kleinheit und Machtlosigkeit verlegen. Durch sein Geschick, mich in eine Auseinandersetzung zu verwickeln, konnte er diese Verlegenheit unterbinden.

Meines Erachtens wollte er mich wissen lassen, daß er mir Platz machen und mit mir analytisch kooperieren wolle, daß ihn diese Zusammenarbeit aber verlegen machte. Als ich schließlich angefangen hatte, sein Vorurteil zu interpretieren, und einen Begriff wie »Hooligan« benutzte, der über das hinausging, was ich hatte sagen wollen, war die Möglichkeit einer Zusammenarbeit so gut wie beseitigt. Ich glaube, seine Enttäuschung schlug sich in seiner Wut nieder, daß X seine Botschaft nicht hatte aufnehmen können und die schwarzen Autofahrer es nicht zu würdigen wußten, wenn er ihnen Platz machte.

Auch mir war es nicht gelungen, seine guten Absichten anzuerkennen. Einer der Gründe dafür war, daß er seine alternative, eher paranoide Haltung auf provozierende Weise ebenfalls zur Interpretation angeboten hatte. Die Botschaft, sich normaler zu fühlen, verbarg sich hinter provozierenden Anspielungen auf das Ende der Analyse und seinem schon lange bestehenden Gefühl, durch die Anstellung von X ungerecht behandelt worden zu sein. Auch das Thema Rassismus hatte zwischen uns eine lange Geschichte und beinhaltete auch ganz unangenehme antisemitische Untertöne. Er konnte seinen Haß darauf, wie ich die Termine und Ferienzeiten festlegte, heranziehen, wenn er sich verletzlich fühlte, und sein Wunsch danach, verstanden zu werden, war immer zwiespältig und implizierte oft auch, daß ich zugeben sollte, daß sich X in der Tat unmöglich verhielt oder seine Beobachtungen über schwarze Autofahrer lediglich Fakten wiedergaben und nicht rassistisch waren. Im Rückblick meine ich, daß er Rassismus und Vorurteile als Beispiele für etwas anbrachte, das er früher verleugnet hatte, jetzt aber unter Schmerzen und zaghaft anzuerkennen versuchte, aber er konnte mit seiner Verlegenheit nur umgehen, wenn er in der Lage war, diese Anerkennung auch zurückzunehmen und wieder seine frühere Position einzunehmen. Die Konfrontation mit mir in dieser Stunde, die seine Empörung auslöste, diente eben dieser Absicht. Auf dieselbe Weise, meine ich, glaubte er mir die Vorfahrt zu gewähren, wenn er andeutete, daß er die Analyse wahrscheinlich fortsetzen würde; zur Wahrung seiner Würde mußte er aber die Drohung wiederholen, daß er immer noch mit der bevorstehenden Pause aufhören könnte. Damit konnte er eine Irritation hervorrufen, die mich davon abhielt, seine guten Absichten mir gegenüber zu würdigen.

Abgesehen von meinen eigenen Gründen, mich zu rasch provozieren zu lassen, fühlte ich mich, glaube ich, auch unter Druck gesetzt, weil das Gefühl, ungerecht behandelt worden zu sein, bei ihm eine wichtige Abwehrfunktion hatte. Meines Erachtens sollte die dabei entstehende Empörung uns davon abhalten, die Veränderungen, die vor allem in den Stunden selbst, aber darüber hinaus auch in anderen Lebensbereichen eingetreten waren, offen anzusprechen. Als ich den Köder geschluckt hatte und ihn auf sein Vorurteil ansprach, hatte er das Gefühl, daß sein Ressentiment gerechtfertigt war. Damit fühlte er sich im Recht und vor seiner Verlegenheit bewahrt.

In der Dienstagsstunde, über die ich nur kurz berichten möchte, war er nachdenklicher. Er beschrieb, wie er auf der Straße, die von meiner Praxis aus bergauf führt, in dem Moment nach rechts in die Hauptstraße abgebogen war, als sich ein Bus näherte. Er fuhr weiter, und als er realisierte, daß der Bus nicht wie erwartet an der Bushaltestelle anhielt, mußte er plötzlich bremsen. Ich hatte das damit verknüpft, daß er in der Regel annahm, ich würde bei Themen, wie sie in der gestrigen Stunde aufgekommen waren, anhalten, kurz bevor es zu einer Kollision zwischen uns käme. Später meinte ich, daß er es für schwierig halte, bei seiner Frage Hilfe zu finden, ob er nun die Analyse beenden sollte oder nicht. Dem stimmte er zu und beklagte, daß er eigentlich wissen wollte, ob er die Analyse für sechs bis zwölf Monate unterbrechen und zurückkommen könne, wenn er es notwendig fände. Ich meinte, dies hänge damit zusammen, daß er es schwierig finde, wenn ich fünf Wochen Pause machen wollte und davon ausginge, daß er danach weitermachen würde.

Die zweite Stunde

Er begann die Mittwochsstunde mit der Mitteilung, daß er, was nur selten vorkomme, einen Traum erinnere. Im Traum war er unterwegs und besuchte eine Ausstellung mit moderner Kunst. Eines der ausgestellten Werke war eine Baumwurzel, ungefähr zwei Fuß im Quadrat, aus der kleine Wurzeln herausragten, was unordentlich aussah. Er fand, sie müßten beschnitten werden, zog eine Gartenschere heraus und schnitt ein Wurzelstück ab, das er sich in die Tasche steckte. Es machte ihn verlegen, er schlich sich aus dem Museum und hoffte, nicht gesehen zu werden. Als er draußen war, fühlte er sich bei dem Gedanken erleichtert: »Jetzt können sie mich nicht mehr belangen«.

Dann erzählte er, die Buchhalter in der Firma seien schließlich doch dahintergekommen, daß er etwas Geld in ein eigenes Projekt gesteckt hatte. Die Firma hatte dafür bezahlt und verlangte nun, daß er das Geld zurückerstatte. Er sollte für dieses Projekt einen Zuschuß erhalten, aber dazu mußte er einen Bericht schreiben, dessen Abfassung er vor sich herschob. Das Problem sei, daß er, wenn er nach Hause komme, nur herumkrame, statt sich an die eigentlichen Dinge zu machen. Er meinte, in dem Traum gehe es um schuldbeladene Geheimnisse und seine Angst, erwischt zu werden. Der Zettel mit der Notiz »Wo ist das Geld?« hatte eine Panik bei ihm ausgelöst. Er könne die Sache vernebeln, fürchte aber, die Tatsache, daß er diesen Bericht schreiben mußte, werde seinen Sommer trüben. Am liebsten würde er das Geld aus seiner eigenen Tasche bezahlen, um den Bericht nicht schreiben zu müssen. Aber das würden sie herausfinden, und er fragte sich, was sie schlimmstenfalls tun könnten. Er habe das Geld nicht gestohlen, die Belege dafür seien da.

Er kam auf seinen Traum zurück und sagte, es sei jemand mit ihm im Museum gewesen, vielleicht X, der Manager, mit dem er solche Schwierigkeiten habe. Der Traum endete im Büro, wo sich X vorbeugte, die Kaffeetasse des Patienten nahm und daraus trank. Er platzte vor Wut. Er hatte etwas dagegen, wie X ihm die Dinge aus der Hand nahm. Erst später sagte er, daß er in der Regel den anderen im Büro eine Tasse Kaffee mitbringe, X aber nie.

Ich deutete, daß er wie in den vorangegangenen Stunden etwas von dem mitbrachte, was er machte und wofür er sich schämte. Zunächst stürze es ihn in Panik, aber im Traum scheine er eher verlegen zu sein. Er sagte, es erinnere ihn an eine Gartenschere, die ihm gestern in seiner Wohnung in die Hände gefallen war. Er schneide immer die verblühten Blumen auf seiner Terrasse ab, er habe gehört, daß man das so machen solle. Das Stück in der Ausstellung sah aus, als hätte es der Künstler irgendwo ausgegraben und dann einfach hier deponiert.

Ich deutete, er könne es nicht lassen, aufzuräumen, wenn etwas unordentlich sei, vielleicht besonders dann, wenn er das Gefühl habe, ich stellte meine Arbeit zur Schau. Er beschuldige mich, etwas von ihm auszugraben und es dann als mein Eigenes auszustellen. Aber nachdem er in seinem Traum die Wurzel abgeschnitten habe, sei ihm sehr klar gewesen, daß sie nicht ihm gehöre. Das mache ihn verlegen und lasse ihn fürchten, man könne ihn erwischen. Er stimmte zu und fing wieder von seiner Auseinandersetzung mit X an. Er hatte sich beschwert, daß X ihn aus Entscheidungsprozessen ausschließen wollte. Jetzt wolle er wissen, ob im Büro Hierarchie oder Zusammenarbeit gelten sollte. X hatte ein Memo verbreitet, das aussah, als hätten sie es gemeinsam verfaßt. Der Patient hatte zu X gesagt, nein, das sei nicht Zusammenarbeit, sondern er, der seine Autorität ausspiele.

Ich deutete, daß er, wie bei X und seinem Kaffee, das Gefühl habe, ich bediene mich seiner Ideen und entwickelte sie auf meine Weise, ohne ihn einzubeziehen. Aus seiner Sicht arbeite nicht er mit mir zusammen, sondern ich übte meine Autorität aus. Genau wie bei den Themen Snobismus und Rassismus gebe er etwas preis, das dann gegen ihn ausgelegt werde. In diesem Fall bedeute das vielleicht, daß er mich dazu bringe, ein Wort wie Vandalismus zu benutzen, das sei aber eine autoritäre Sichtweise und enthalte kein Verständnis für seine Sicht der Dinge.

Er sagte, es erinnere ihn an Leute, die genmanipulierte Felder verwüsteten, um ihrem Protest Gehör zu verschaffen. Das werde dann Vandalismus genannt, aber eigentlich gehe es um Protest und habe nichts mit Zerstörungslust zu tun. Er beschrieb seine Vorstellungen zu einem Wort wie Vandalismus – dabei komme er zu dem Schluß »das ist unfair«, einen solchen Ausdruck an dieser Stelle zu benutzen, und füge dann noch gefühlsmäßig hinzu, »es ist unverschämt«. Als weiteres Beispiel dazu rief er sich mir gegenüber in Erinnerung, wie er einmal bei einer Prüfung für den Motorradführerschein in Deutschland durchgefallen war. Er fand es empörend, weil er daran gescheitert war, mit einem Beifahrer langsam zwischen den aufgestellten Fahrbahnmarkierungen hindurchzukurven. Es sei unfair gewesen, weil er diese Geschicklichkeit niemals brauchen werde und schon seit Jahren sehr gut Motorrad fahren könne. Diese blöden Deutschen! Sie taten, als gehörten die Straßen ihnen! Auch hier war zu hören, daß er von seinem Protest weniger überzeugt war als noch vor ein oder zwei Jahren, als er mir die Geschichte schon einmal erzählt hatte. Er fühlte sich immer noch gekränkt und ungerecht behandelt, schien aber erkannt zu haben, daß den Deutschen ihre Straßen tatsächlich gehörten und seine Schwierigkeiten mit Beifahrern sein bekanntes Problem zeigten, schlecht mit jemand Nahestehendem zurechtzukommen.

Diskussion der zweiten Stunde

Bei der anschließenden Betrachtung kam mir diese Stunde ähnlich wie die vorhergehenden angespannt und konfrontativ vor; es schien aber auch um Themen zu gehen, die er unter beträchtlichen Schmerzen und großer Verlegenheit vorbrachte. Ich meine, daß seine Ansicht, im Traum gehe es um schuldhafte Geheimnisse und seine Befürchtung, erwischt zu werden, mit seinem Wunsch verknüpft war, aus einer beschützenden Welt, in der er tun konnte, was er wollte, aufzutauchen und sich der Verlegenheit zu stellen, in die ihn die Berührung mit der Realität brachte. Dabei wurde aber der Kontakt zu einem offeneren Teil in ihm unterbunden, und er hatte es statt dessen mit einem Analytiker zu tun, der in seinen Augen seine Autorität ausübte. Deshalb auch seine Bemerkung über X, der genau wie ich behauptete, mit ihm zusammenzuarbeiten, während der Patient nur sehen konnte, daß er zurechtgewiesen werden sollte.

Obwohl ich nach diesem Vorfall deuten konnte, daß ich aus seiner Sicht eine verurteilende Haltung eingenommen hatte, ließ sich doch nicht vermeiden, sie tatsächlich zu übernehmen, was mich, wie ich meine, von wichtigeren Themenbereichen abbrachte. Ich konnte zum Beispiel nicht bei dem Thema bleiben, daß es im Traum um schuldhafte Geheimnisse und seine Befürchtung ging, erwischt zu werden. Statt dessen ging ich darauf ein, wie er seine Gartenschere benutzte und es nicht lassen konnte, Ordnung zu machen; aber ich glaube, er spielte dabei auf eine ganze Skala schmerzhafter Gedanken über sich an, auf die er wegen der Angst vor seiner Verlegenheit nicht näher eingehen konnte. Seine Unfähigkeit, den Bericht fertigzustellen, der ihm eine geregelte Finanzierung seines Projekts ermöglicht hätte, stellte auch unsere Unfähigkeit dar, unangenehme Themen anzugehen. Und weil ich so mit seiner Beschneidungsaktion beschäftigt war, übersahen wir seinen Wunsch, das Ausstellungsstück, das unsere Arbeit darstellte, genauer zu untersuchen und zu bewerten.

Die Tatsache, daß er im Traum eine Ausstellung über moderne Kunst besuchen konnte, sich also für etwas Zeitgenössisches interessierte, war an sich schon ein erstaunliches Eingeständnis. Es war nicht zu umgehen, daß es ihn verlegen machte, wenn ich in dieser Ausstellung die Wurzeln seiner Schwierigkeiten vorstellte, aber ich denke nicht, daß er wirklich glaubte, daß ich ihn zurechtstutzen und demütigen wollte. Es genügte ihm nicht mehr, in seinem *seelischen Rückzug* steckenzubleiben und seine eigene Arbeit zu bewundern; vielmehr betrachtete er moderne Werke inzwischen mit Interesse und Neugier, obwohl er, wie er eingestand, dem Impuls nicht widerstehen konnte, daran herumzuschnippeln. So gesehen hatte er sich bereits ein großes Stück aus seinem Rückzug herausbewegt.

Allerdings stellte sich in den Stunden leicht eine Stimmung des ständigen Anschießens und Herumstreitens ein, wie sie zwischen ihm und seinen Kollegen wie X herrschte, und ich denke, es passierte leicht, daß ich ihm Gelegenheit zur Empörung bot, so als hätte ich ihm die Gartenschere als Ausflucht, der er dann nicht widerstehen konnte, selbst überreicht. Ich denke, damit ließ sich ein schwerwiegenderes Problem gut vernebeln, wie er es genannt hatte.

Trotz der Anschuldigungen, die beide Beteiligten in den Stunden anhäuften, kam die analytische Arbeit nicht zum Stillstand, und die Atmosphäre zwischen uns war weiterhin so, daß er Themen mitbringen und versuchen konnte, sich verständlich zu machen. Man könnte in der Tatsache, daß er, was selten geschah, einen Traum mitbrachte, einen Akt der Zusammenarbeit mit der Analyse sehen, und der Traum selbst drückte deutlich sein Verlegenheitsgefühl aus, obwohl es meines Erachtens unklar blieb, was der Grund für seine Verlegenheit war.

[37]

Diskussion

Auch wenn wir davon ausgehen, daß sich Verlegenheit weniger schrecklich anfühlt als Verfolgung, bin ich der Ansicht, daß sie manchmal so schmerzhaft sein kann und so schwer zu ertragen ist, daß eine eher persekutorische Angst bevorzugt wird. Ich glaube, für meinen Patienten war es besonders beschämend, wenn er merkte, daß wärmere, liebevollere und mit Abhängigkeit einhergehende Gefühle zum Vorschein kamen, weil er dann fürchtete, sich lächerlich zu machen, besonders wenn er sich zuvor seiner Überlegenheit gerühmt hatte. Gerade dann, wenn er aus einem seelischen Rückzug, der auf seiner narzißtischen Überlegenheit basierte, auftauchte, fühlte er sich besonders unsicher. Ich schien oft unfähig zu sein, ihm über diese Beschämung hinwegzuhelfen oder Mittel und Wege zu finden, die die Situation für ihn erträglich gemacht und ihm zu Erfahrungen verholfen hätten, die eher etwas psychisch Reales gehabt hätten. Trotzdem verlor er das Vertrauen in mich als eine hilfreiche Figur nicht völlig, und er schien es oft zu bedauern, einen Zustand der Empörung vorgezogen zu haben. In seiner Untersuchung »Keats and Embarrassment« schlug Christopher Ricks (1976) eine solche Art von inverser Beziehung zwischen Verlegenheit und Empörung vor. Er meinte: »Es gibt eine interessante Beziehung zwischen Empörung und Verlegenheit; die eine Wallung vertreibt die andere, wie ein Feuer ein anderes Feuer, so daß es eine gebräuchliche Methode ist, die Verlegenheit, die man normalerweise empfinden würde, abzuwenden, indem man eine Empörung entfacht. So verhält man sich, wenn einem ein kleineres Unrecht widerfährt, man zum Beispiel einkauft und beim Bezahlen falsches Wechselgeld zurückbekommt und sich dann bemüßigt fühlt, die öffentliche Aufmerksamkeit zu erregen, damit die Situation in Ordnung gebracht werde; eine kleinere Empörung wird künstlich angeheizt, weil man sich nicht von Verlegenheit überwältigt fühlen muß, wenn man sich empört ereifern kann.«

Irgendwann konnte ich schließlich in diesem Ablauf etwas sehen, das wir durcharbeiten mußten, und erkannte in meiner Tendenz, etwas auszuagieren und zu einer kritischen Autoritätsfigur zu werden, die Wiederholung einer schon lange bestehenden inneren Objektbeziehung. Die Auseinandersetzung mit Objekten, die ihn ungerecht behandelten, spielte in den Stunden mit dem Patienten häufig eine Rolle, und obwohl wir uns oft in einer Sackgasse zu befinden schienen, war es doch möglich, die Situation zu durchleben und zu modifizieren. Sicherlich wurde ihm klar, daß ich weit davon entfernt war, ein ideales Objekt zu sein, was ihn mit der Tatsache zu konfrontieren schien, daß Realität etwas Schmerzhaftes ist. Dieses Thema tauchte auf, als seine Mutter sagte, ihr gefalle die Kücheneinrichtung in seiner neuen Wohnung. Als er beklagte, wie altmodisch die Möbel seien, erklärte sie, sie habe damit nicht sagen wollen, die Einrichtung sei unübertrefflich, aber etwas, »womit sie leben könnte«. Er erkannte, daß sie damit etwas Ähnliches über seinen Vater und, was noch unangenehmer war, auch über ihn zu sagen schien.

In vielen der von mir beschriebenen Interaktionen schien sich der Patient der Erkenntnis einer inneren Realität, in der sein Neid und seine Destruktivität die Oberhand gewonnen hatten, zu nähern, so daß die Angst, unter der er jetzt litt, der Beschädigung seiner guten Objekte galt, auf die er angewiesen war. Diese destruktiven Impulse und Phantasien anzuerkennen, implizierte allerdings auch liebevolle Gefühle, die zu Bedauern und Reue und dem Wunsch führen konnten, das beschädigte Objekt und seine Beziehung zu ihm wieder in Ordnung zu bringen. Mir schien, daß er sich nicht hinreichend auf seine guten Gefühle verlassen konnte, weil er sich auch der Versuchung bewußt war, sich aufzuregen und seine Objekte anzugreifen, wenn sie versagten oder sich als schwach erwiesen. Es machte ihn auch verlegen, wenn er bei ihnen eine Autorität erkannte, die er respektieren konnte. Es war, als wäre ein grundlegendes Zutrauen in das Gute in ihm und in seinen Objekten untergraben worden, so daß er nur sehr vorsichtig versuchen konnte, es wiederherzustellen und zu erproben. Gesehen werden zu können bezog sich auf Aspekte seines Selbst, für die er sich zutiefst schämte, und es war schwer vorstellbar, wie es für ihn möglich werden sollte, gesehen zu werden, wenn er nicht auch zulassen konnte, daß solche Aspekte, die er als gut empfand und die Respekt verdienten, für andere ebenfalls erkennbar wurden. Es machte ihn verlegen, daß das Gute in ihm für etwas Falsches gehalten werden konnte wie Fäzes, die als Gold ausgegeben werden.

Aus einem seelischen Rückzug aufzutauchen, um sich depressiven Ängsten zu stellen, ist ein wesentliches Stadium des Entwicklungsprozesses, aber bevor diese Erfahrungen erträglich werden können, muß der Vorgang des Auftauchens selbst bewältigt werden. Gerade an dieser Stelle scheint das Gesehenwerden eine Verlegenheit hervorzurufen, die nach sofortiger Entlastung verlangt. Sich Schuld- und Verlustgefühlen zu stellen, scheint letztlich tiefere und anhaltendere Schmerzen zu beinhalten, denen ein Stadium vorausgeht, das durchgearbeitet werden muß und in dem das Gesehenwerden zu Verlegenheit und Verlegenheit zu einer Rückkehr in den seelischen Rückzug führt, die auf Empörung beruht. Meines Erachtens hat Ruth Malcolm in ihrem Vortrag über Scham in Santiago etwas Ähnliches beschrieben, als sie argumentierte, daß Scham das Durcharbeiten von Schuld verhindern und die Entwicklung hin zu Wiedergutmachung beeinträchtigen kann (Riesenberg Malcolm 1999).

Man kann natürlich in den von mir beschriebenen Reaktionen darauf, daß es jemandem »besser« geht, auch Spielarten einer negativen therapeutischen Reaktion sehen und sie als die Angst des Patienten vor neidisch-destruktiven Objekten auffassen, die ihn anzugreifen und zu vernichten drohen, wenn sich herausstellen sollte, daß er etwas Gutes besitzt, wozu auch gehören würde, daß er von seiner Analyse profitieren kann. Ich möchte die Bedeutung des Neids in dieser Art von Situation, in der sich mein Patient und ich befanden, nicht schmälern. Neid und die Angst vor Neid spielten zweifellos eine Rolle bei seiner Schwierigkeit, die Befriedigung, die für ihn mit einer Besserung seines Zustands verknüpft war, anzuerkennen, insbesondere wenn es darum ging, genug Zutrauen zu haben, um diese Entwicklung für andere sichtbar werden zu lassen. Allerdings schien etwas, das mehr mit dem Vermeiden von Verlegenheit als mit dem Vermeiden einer neidischen Attacke zu tun hatte, den expliziten Kontakt mit dem Guten in ihm zu unterbinden.

Vielleicht ermöglichen uns weitere Untersuchungen, die Beziehung zwischen Verlegenheit und Neid insgesamt besser zu verstehen, aber im vorliegenden Fall schien die Angst vor einer neidischen Attacke von einer primitiveren pathologischen Organisation auszugehen, die ihn wie etwas Fäkales und Verächtliches behandelte, besonders wenn er sich klein, abhängig und dankbar fühlte. Er fühlte sich dann beschämt und gedemütigt und glaubte, sich zu einem überlegenen Weißen machen zu müssen. In dieser Position war er dann eins mit der pathologischen Organisation und konnte mir ein herablassendes Dankeschön zuwinken, ohne seine Überlegenheit zu gefährden. Allerdings hatte sich neben dieser primitiven narzißtischen Organisation etwas Menschlicheres und Normaleres entwickelt, das mit Scheu und dem Auftauchen von Gefühlen zu tun hatte, die offenkundig fragiler und weicher waren wie bei den Wurzeln in seinem Traum, die in meinen Augen für etwas Zartes und neu Heranwachsendes standen. Wegen dieser Eigenschaften unterscheidet sich Verlegenheit von Scham und Demütigung und ist weniger mit Neid und Verachtung vermischt. Und trotzdem schien mein Patient Verlegenheit weiterhin als eine Tortur zu erleben.

Zum Teil lag das vielleicht daran, daß die primitive pathologische Organisation weiterhin eine mächtige Bedrohung ausübte und er den Verdacht nicht loswurde, daß die Beziehung zu mir

[41]

ihn nicht ausreichend vor Verfolgung und Beschämung schützte. Wenn er sich der Betrachtung ausgesetzt fühlte, war er unsicher, ob er sein Unbehagen würde aushalten können, und war überzeugt, wegen seiner Unbeholfenheit für eine beschämende Attacke verletzlich zu sein. Das führte dazu, daß es für ihn vorrangig war, seiner Verlegenheit Einhalt zu gebieten, wobei die Empörung mehrere Probleme gleichzeitig für ihn löste. Die Empörung enthob ihn der Notwendigkeit, zwischen seinem früheren persekutorischen Zustand und einem gutartigeren, der sich inzwischen entwickelt hatte, zu unterscheiden, und sie ermöglichte ihm, die weicheren Gefühle, die ihn verlegen machen konnten, zu verbergen. Gleichzeitig konnte er so die Atmosphäre von Kritik hervorrufen, in der die pathologische Organisation gedieh, und er bezog zweifellos einige Befriedigung aus der sado-masochistischen Erregung, die sich daraus ergab. In meiner Reaktion auf seine Provokation verhielt ich mich in genau der feindseligen Weise, die seine pathologische Organisation charakterisierte. Ihn des Rassismus zu »beschuldigen«, war natürlich meinerseits rassistisch, indem ich mich zum Weißen machte und das Auftauchen eines Patienten ignorierte, der sich liebevoll und abhängig fühlte, aber auch klein und wie jemand, der leicht als Schwarzer zurückgewiesen werden konnte. Auch Schuld kann ein Teil der komplexen Gefühlsmischung gewesen sein, als er aus seinem Rückzug auftauchte, aber die Sache mit dem Geheimnis, das für sein Gefühl im Traum enthüllt wurde, bezog sich weniger auf eine geheime Schuld als auf eine geheime Verlegenheit. Er war verlegen wegen des Neuen in unserer Beziehung und fühlte sich gezwungen, es zu verstecken.

Am stärksten fiel mir, als ich später über den Fortschritt meines Patienten nachdachte, eine graduelle und bedeutsame Veränderung in seiner Haltung sich selbst und seinen Objekten gegenüber auf; statt einer Idealisierung war ein wirklicher substantieller Respekt zu erkennen. Aber diese Veränderung behielt er für sich, es gab nur Anspielungen darauf; sie war implizit spürbar, wurde aber nicht explizit ausgedrückt. Weitere Fortschritte, auf denen er aufbauen konnte, erforderten einen zusätzlichen Schritt, der sich auf die Fähigkeit bezog, all die unterschiedlichen Ängste tolerieren zu können, die das Gesehen- und Beurteiltwerden mit sich brachten.

Aus dem Englischen von Antje Vaihinger

[KAPITEL 2]

Das Auftauchen aus einem Ort des seelischen Rückzugs

Im folgenden werde ich einige Sitzungen aus der Analyse eines Patienten beschreiben, der nach mehreren Behandlungsjahren merkliche Fortschritte gemacht hatte und allmählich einen umfassenderen und substantielleren Kontakt in den Stunden zuließ. Diese Entwicklung brachte jedoch neue Probleme und Ängste mit sich, und der Patient brach häufig den Kontakt abrupt ab. Hatte er früher schreckliche Angst gehabt vor der Vergeltung eines neidischen, destruktiven und rachsüchtigen Objekts, so schien er jetzt durch das Auftauchen herzlicherer Gefühle in Verlegenheit gebracht, die ihn beschämten und peinlich berührten. Im allgemeinen reagierte er auf solche Gefühle mit einer Rückkehr zu seinen vertrauten Abwehrmaßnahmen, die jedoch weniger rigid ausfielen als früher und die Möglichkeit zukünftigen Kontakts offenließen.

Ich habe früher *Orte des seelischen Rückzugs* als psychische Zustände beschrieben, in denen die Patienten unfähig zu weiterer Entwicklung steckenbleiben (Steiner 1993). Dabei habe ich die Ansicht vertreten, daß diese Zustände auf komplexen *pathologischen Persönlichkeitsorganisationen* beruhen. Solcherart organisierte innere Objekte wie die von Rosenfeld (1971) beschriebenen narzißtischen Banden bieten den Patienten Schutz, aber sie nehmen sie auch gefangen; Versuche zu entkommen führen zu schrecklicher Bedrohung durch Rache und Vergeltung. In diesem Kapitel möchte ich dagegen die Erfahrung betrachten, der sich Patienten stellen müssen, wenn sie aus dem Schutz eines seelischen Rückzugs heraustreten. Manchmal, und zwar besonders wenn sie das Gefühl haben, mit Gewalt vertrieben worden zu sein, geraten diese Patienten dann in einen Zustand paranoid-schizoider Desintegration, der unerträglich ist und die Rückkehr in den Schutz des Rückzugs erfordert. In anderen Fällen ist das Heraustreten aus diesem Schutz Resultat einer Entwicklung, die eine Bewegung in Richtung auf die depressive Position ermöglicht, in welcher der Patient realistischere Beziehungen zu seinen Objekten entwickeln kann, die weniger durch projektive Identifizierungen verzerrt sind. Der Rückzug kann also sowohl der Abwehr von paranoid-schizoiden als auch von depressiven Ängsten dienen, und man kann ihn in zwei Richtungen verlassen: einerseits in Richtung Desintegration und katastrophischer Angst, andererseits in Richtung einer depressiven Integration mit den zu ihr gehörigen Ängsten.

Als er seine Analyse begann, fürchtete mein Patient, den Schutz des seelischen Rückzugs zu verlieren. Er war extremen Ängsten vor Verfolgung und Desintegration ausgesetzt. Im Lauf der Jahre veränderte und entwickelte sich jedoch allmählich die Eigenart seines Rückzugs und der pathologischen Persönlichkeitsorganisation, die ihm zugrunde lag; sie wurde weniger verfolgend und menschlicher. Infolgedessen hatte der Patient weniger Angst davor, etwas unabhängiger zu werden, was ihm erlaubte, eine realistischere Beziehung zu seinen Objekten zu entwickeln. Dies konnte als Versuch verstanden werden, den Schutz des Rückzugs in Richtung auf ein Funktionieren im Sinne der depressiven Position zu verlassen.

Schematisch gesehen funktionierte der psychische Rückzug zugleich auf der Ebene von Teilobjekten und auf der Ebene von ganzen Objekten. Auf der primitiveren Teilobjekt-Ebene entsprach dem Rückzugsort eine konkrete körperliche Vorstellung, die meiner Meinung nach aus primitiven Phantasien entstand, in den Körper der Mutter einzudringen und dort die von ihm gesuchte idealisierte Zuflucht zu finden. Das Herauskommen wurde dann ebenso physisch erlebt in Form von körperlichen Schmerzen wie auch als psychische und somatische Desintegration, die seinen Zusammenbruch bestimmte.

Als er wärmere Gefühle zu entwickeln begann, nahmen auch seine Objekte eine menschlichere Form an; der Rückzugsort blieb jedoch wichtig, und zwar jetzt als Mittel, um mit Beziehungen zu ganzen Objekten zurechtzukommen, insbesondere mit dem Gefühl, von seinen Eltern in der triangulären Konfiguration der Urszene ausgeschlossen zu sein. Seine pathologische Organisation beruhte auf einer Identifizierung mit seinem Vater, die es ihm ermöglichte, die Eigenschaften des Vaters zu übernehmen und die Illusion aufzubauen, er habe erwachsene Formen von Größe, Potenz und Überlegenheit erreicht. In diesem Szenario wurde seine Mutter so wahrgenommen, als spielte sie bei dieser Illusion mit, indem sie ihn als ihren bevorzugten Partner behandelte. Der weggeschobene Vater erschien dagegen klein, unterlegen, ausgeschlossen und angefüllt mit den infantilen und unerträglichen Gefühlen, denen sich der Patient ausgesetzt sah, solange er ausgeschlossen war.

Diese Identifizierungen waren zu einem Teil primitive Teilobjekt-Schöpfungen einer omnipotenten Phantasie, sie benutzten aber auch die existierenden Spannungen zwischen seinen Eltern, um diese zu einem Agieren zu veranlassen, das er wiederum als Bestätigung seiner bevorzugten Version der Realität mißverstand. Die daraus resultierende pathologische Organisation wurde von mächtigen Abwehrformationen zusammengehalten, in denen seine Eltern und andere Personen aus seiner Familie und seinem Berufsleben sich gegenseitig in der Bildung von Verbindungen und Verpflichtungen unterstützten, die seine Illusionen aufrechterhielten. Die Sicherheit, die er aus diesem System bezog, war stets instabil, und er lebte in ständiger Angst vor der Vergeltung eines rachsüchtigen Vaters, der seine ihm zustehende Stellung forderte und ihm mit einer Vertreibung drohte, welche er als Katastrophe erlebte.

In diesem vereinfachten Schema waren die Eltern getrennt und ihre Beziehung ersetzt durch zwei getrennte Beziehungen zwischen dem Patienten und jeweils einem Elternteil, während der andere Elternteil ausgeschlossen blieb. Britton (1998) hat diese Konstellation erforscht und dafür auch eine hilfreiche Terminologie geprägt, indem er vom Objekt der Begierde *(object of desire)* auf der einen Seite und dem beobachtenden Objekt *(observing object)* auf der anderen Seite sprach (persönliche Mitteilung). Bei meinem Patienten war vor allem die Mutter das begehrte Objekt, und der Vater blieb in der Position des minderwertigen und neidischen Beobachters ausgeschlossen. Aber die Situation konnte sich auch drehen, und er sah sich dann manchmal in einer wichtigen Beziehung zum Vater, von der die Mutter ausgeschlossen war.

In der Übertragung waren ähnliche Prozesse wirksam, und ich wurde zum Empfänger von Projektionen, die mich in die Position eines der Teilnehmer des ödipalen Trios brachten. Mir fiel entweder die Rolle des begehrten Objekts in einer kollusiven inzestuösen Beziehung mit dem Patienten zu oder die des ausgeschlossenen Beobachters, der die projizierten und unerwünschten Elemente enthielt, welche der Patient loswerden mußte. Nur selten wurde ich als Elternfigur in einer den Patienten ausschließenden Partnerbeziehung erlebt.

In dem obigen Schema wurde auch der ausgeschlossene Vater auf verschiedene Weise erlebt. Auf einer primitiven Ebene gewann er seine Autorität durch Kastrationsdrohungen zurück, die dem Patienten das Gefühl vermittelten, er werde mit Zwang aus seinem Rückzug vertrieben, an dem er so verzweifelt festhielt. Dies führte zu Zuständen von Groll und zu Rachephantasien, in denen der Patient und seine Objekte von Haß und Neidgefühlen beherrscht erschienen. Wenn der Patient auf dieser Ebene funktionierte, wurde der Analytiker als extrem verfolgendes Objekt wahrgenommen, wie es Klein als neidisches, destruktives Über-Ich, Bion als angefüllt mit -K und Britton als Verkörperung eines bösartigen Mißverständnisses beschrieben haben.

Trotz des Vorherrschens von Verfolgungsängsten schien es bei meinem Patienten einen bedeutsamen, wenn auch schmerzlich langsamen und frustrierend instabilen Fortschritt zu geben. Seine Objekte wurden im Alltagsleben wie in der Übertragung langsam menschlicher, und er schien mir in der Lage zu sein, erste Schritte zu tun, um aus dem *Rückzugsort* herauszukommen und sich zumindest vorübergehend der zuvor unerträglichen psychischen Realität zu stellen. Dieses Verlassen des Rückzugsorts brachte jedoch weitere und, wie ich meine, andere Ängste mit sich, die ich jetzt untersuchen möchte. Als die destruktive Organisation ihre stärkste Macht ausübte, waren Paranoia, Groll und Rache eine ständige Bedrohung; jetzt kam es mir so vor, daß herzliche Gefühle dem Patienten besondere Probleme bereiteten. Er fühlte sich weiterhin beobachtet, aber sobald die Verfolgung nachließ, versuchte er möglichst wenig Zuneigung, Dankbarkeit oder Liebe auszudrükken, als könnte er gerade diese Gefühle schwer ertragen.

Klinisches Material

Der Patient war Ingenieur im Staatsdienst und Mitte Fünfzig; er hatte mehrere Jahre vorher während eines akuten depressiven Zusammenbruchs mit schweren Angstzuständen, begleitet von einer lähmenden zwanghaften Entscheidungsunfähigkeit, konkretistischem Denken, Hypochondrie und hartnäckigen Rückenschmerzen mit seiner Behandlung begonnen. Der Zusammenbruch folgte auf den Verlust einer angesehenen Stellung; er glaubte, diese Position sei für ihn überlebensnotwendig. Er war davon überzeugt, mit diesem Karriereknick alles zu verlieren, was ihm wichtig war, sein Zuhause, seine Familie, seine geistige Gesundheit.

Zunächst war er mit dem Versuch beschäftigt, wiederzugewinnen, was er verloren hatte, und er fühlte sich weiterhin unsicher und bedroht, wenn diese Anstrengungen nicht zum Erfolg führten. Langsam wurden seine Symptome jedoch besser oder verschwanden ganz, obwohl die befürchteten Verluste tatsächlich eingetreten waren: Seine Ehe war zerbrochen, er hatte sein Zuhause verloren und es war ihm nicht gelungen, sein berufliches Ansehen wiederherzustellen, das er doch für lebenswichtig hielt. Obwohl er weiterhin isoliert lebte, ohne Partner und mit schwierigen Arbeitsbeziehungen, war er nicht zusammengebrochen und war nicht mehr davon überzeugt, daß er nicht überleben könne.

Zu den wichtigen Veränderungen gehörte die endgültige und schmerzhafte Trennung von seiner Frau. Mit ihr verband ihn eine abhängige und emotional belastende Beziehung, aus der er sich nicht lösen konnte. Lange Zeit besuchte er sie regelmäßig und rief sie trotz ihrer Zurückweisung häufig an, und bis vor kurzem war er nicht in der Lage, seine in ihrem Haus verbliebenen Dinge abzuholen und zu akzeptieren, daß die Ehe beendet war. Es war ein wichtiger Schritt für ihn, eine Wohnung zu kaufen und sich selbst ein Zuhause einzurichten. Einige Monate nachdem er seine Stelle verloren hatte, wurde er von einem früheren Kollegen gerettet, der ihm bei einer anderen Firma einen Posten mit niedrigerem Status, aber mit beträchtlicher Verantwortung vermittelte. Es gelang ihm, diese Position zu halten; seine Arbeit wurde trotz ernster Schwierigkeiten mit Kollegen und besonders mit dem höheren Management seines Unternehmens geschätzt.

Zu Beginn der Analyse war er sehr mit seinen Rückenbeschwerden beschäftigt; er suchte auf verzweifelte Weise Hilfe, indem er zahllose Ärzte aufsuchte und die verschiedensten Heilmittel ausprobierte. Damals schien er keinen Begriff von seelischem Schmerz zu haben, und er bewertete die Analyse je nachdem, wieviel Rückenschmerzen er hatte und wie die Beziehung zu seiner Frau verlief. In beiden Bereichen half die Analyse nicht, und er verbrachte viele Sitzungen in zorniger Unzufriedenheit. Zwischendurch gab es Phasen einer auf Selbstherabsetzung beruhenden Unterwürfigkeit, er schien dann mit verfolgenden Stimmen einig zu sein, die ihn verurteilten.

Nach und nach machte er fast unmerkliche Fortschritte, die Atmosphäre der Stunden änderte sich. Er war weniger mit körperlichen Schmerzen beschäftigt; etwa zwei Jahre vor den Sitzungen, die ich darstellen werde, hörte er auf, sie zu erwähnen. Er sah die Trennung von seiner Frau und den Statusverlust bei der Arbeit immer noch als Zeichen seines und meines Versagens, und dies führte zu regelmäßig wiederkehrenden Klagen, daß er sich die Analyse nicht leisten könne und aufhören werde. Aber diese Klagen waren nicht mehr so gehässig wie die früheren, und er schien mehr in der Lage, mir zuzuhören und zu wünschen, daß ich ihm zuhörte. Auch wenn die Situation instabil blieb und er oft in seine frühere empörte und verfolgte Verfassung zurückfiel, waren diese Rückfälle jetzt von kurzer Dauer, und wenn sie abgeklungen waren, wurde ihm klarer, was geschehen war, und er nahm seine Einsamkeit und seine Sehnsucht nach etwas anderem bewußter wahr.

In dem Zeitraum, den ich diskutieren möchte, hatte der Patient mehr Kontakt zu seinen Eltern, zum einen, weil sie ihm bei der Finanzierung und Einrichtung seiner neuen Wohnung halfen, zum anderen, weil die Feier zum 80. Geburtstag seiner Mutter bevorstand. Herzlichere Gefühle ihnen und mir gegenüber tauchten auf. Sie wurden aber regelmäßig wieder durch Ärger und Empörung eingeschränkt, wenn er das Gefühl hatte, daß es zwischen uns oder zwischen ihm und den Eltern nicht gut lief. Der heftige Zorn auf einen jüngeren Kollegen, der eine ihm übergeordnete Position bekommen hatte, wurde noch gesteigert durch seine Ängste wegen der Rolle, die seine Brüder und seine

Schwägerin bei der Organisation der Feier für seine Mutter übernahmen; dies schien frühe, durch die Geburt seiner Brüder ausgelöste Ängste wiederzubeleben.

In einer der Stunden rätselte er an einem Besuch seiner Eltern in seiner Wohnung herum. Warum waren sie gekommen? Als sein Vater ihm Hilfe beim Verschönern der Wohnung anbot, spottete er darüber und erklärte mir, daß sein Vater, als er die Gehrfugen des Patienten sah, zugeben mußte, daß seine eigenen minderwertig waren und mit Spachtelmasse ausgebessert werden mußten – dabei hatte er ganz vergessen, daß es die Idee seines Vaters gewesen war, eine Bilderschiene zu installieren. Als die Eltern aufbrachen, gab ihm die Mutter einen Scheck über eine beträchtliche Summe für den Umzug; er war überzeugt, daß dieses Geschenk vor dem Vater geheimgehalten wurde und einen Versuch seiner Mutter darstellte, die Schwäche ihres Mannes auszugleichen und den besitzergreifenden Einfluß auf ihren Sohn zu stärken.

Eine Wende hin zu einer herzlicheren und großzügigeren Stimmung zeigt sich in einer Stunde, als er seine Rechnung beglich, die er am Vortag erhalten hatte. Er gab mir einen Scheck und sagte, er habe bemerkt, daß er sehr schnell bezahle, und er habe sich überlegt, noch einen Tag zu warten, damit er nicht allzu eifrig wirke. Er versuchte dann die Bedeutung der Geste herunterzuspielen und erklärte, es sei einfacher, diesen Monat zu bezahlen, weil es eine kleinere Summe sei und er den Scheck seiner Mutter und das Weihnachtsgeld auf seinem Konto hatte.

Die prompte Bezahlung dieser Rechnung stand in scharfem Kontrast zur Haltung des Patienten in der Anfangsphase seiner Analyse; damals bezahlte er gegen Ende jedes Monats und verleugnete dabei jegliches persönliche Gefühl, indem er erklärte, zu diesem Zeitpunkt bezahle er auch seine Gas- und Stromrechnung. Kürzlich erst hatte er angefangen, früher zu bezahlen. Aber es war fast jedesmal ein Hindernis aufgetaucht: Er hatte die Summe vergessen, keinen Stift dabei oder sein Scheckbuch in einem anderen

Jackett. Dies war das erste Mal, daß er gleich am folgenden Tag bezahlte, und er war besorgt, es könne so aussehen, als bedeutete dies eine Wende in dem, was ich für ein sorgfältig austariertes Gleichgewicht hielt.

Erste Stunde

In der darauffolgenden Stunde, die ich ausführlich darstellen möchte, drückte sich die großzügigere Haltung in bezug auf ein Geburtstagsgeschenk für seine Mutter aus. Er hatte seine Tochter daran erinnert, ihr eine Karte zu schicken, aber bis gestern vergessen, selbst etwas zu besorgen. Er suchte eine Vase, fand aber keine, die für sie passend gewesen wäre; er erinnerte sich, daß sie Blumen mochte, und fuhr zu einem Supermarkt, um einen Strauß Lilien zu kaufen. Er rief an; als niemand abnahm, beschloß er, zum Haus seiner Eltern zu fahren, und die Blumen mit einer Karte im Hausgang abzustellen. Als seine Mutter abends anrief, um sich zu bedanken, besonders dafür, daß er extra so weit gefahren war, sagte er, es sei keine große Sache gewesen, er sei sowieso schon halb dort gewesen.

Er beschrieb dann ein Telefongespräch mit seiner früheren Frau, in dem es um einige Rechnungen ging, die herausgesucht werden mußten. Er erwähnte, daß er seine Küche eingerichtet hatte, und seine Frau bemerkte, es müsse doch schön sein, so von Null anzufangen. Er dachte sofort, daß ihre Bemerkung eine moralische Bewertung enthielt, als würde sie sagen, er habe es schön, während sie in Schwierigkeiten sei, aber er war sich nicht sicher und entschloß sich, nichts zu sagen. Später dachte er, daß sie eine ganz neue Küche bekommen hatte, als sie ins Haus der Familie einzog, und daß sie diese Küche immer noch hatte.

Ich deutete, er habe gute Gefühle gehabt, als er sich an seiner neuen Küche freute, als er seiner Mutter Blumen brachte und mich gleich bezahlte, und er sei glücklich über diese Gefühle gewesen. Aber er scheine einen Angriff vorherzusehen, und er versuche, dies zu vermeiden, indem er die guten Gefühle kleiner mache. Dazu spiele er die Fahrt mit den Blumen herunter oder er wolle nicht so gesehen werden, als wäre es ihm wichtig, mich zu bezahlen.

Er sagte mir darauf, der neue Mann an seiner Arbeitsstelle habe wegen eines vorgeschlagenen Treffens klein beigegeben, und er selbst fühle sich bestätigt. Der Kollege habe eingeräumt, daß er recht haben könnte und daß es besser sei, die Sache für ein paar Wochen auf sich beruhen zu lassen.

Ich antwortete, er löse das Problem mit den herzlicheren Gefühlen oft dadurch, daß er die Sitzung in einen Konkurrenzkampf verwandle, bei dem er einen Sieg erziele und sich bestätigt fühle; ganz, wie er es neulich formuliert habe; »Es war eine Methode, den Adrenalinspiegel oben zu halten.«

Daraufhin erzählte er, seine Frau habe ihn gefragt, wie er ihre Tochter erlebt habe, als sie sich neulich getroffen hatten; sie habe nämlich den Eindruck, die Tochter sei ziemlich durcheinander. Er habe sich schlecht gefühlt, weil seine Frau mit dieser Einschätzung wohl richtig lag, er aber nichts bemerkt habe, wahrscheinlich, weil er in Gedanken so mit seiner Wohnung beschäftigt war.

Obwohl es ansatzweise wohl ein Schuldgefühl gegenüber der Tochter gab, stand das Bild, das seine Frau und ich von ihm hatten, deutlich im Zentrum seiner Gedanken. Ich deutete, es sei ihm ein starkes Bedürfnis, bei den Angriffen, die seine Ex-Frau gegen ihn richtete, mitzumachen; dies sei eine andere Methode, den Adrenalinspiegel hochzuhalten und seinem eigenen Bild von sich auszuweichen. Erst nachdem die Erregung nachgelassen habe, habe er über seine Tochter nachdenken und vielleicht sogar überlegen können, wie er da etwas in Ordnung bringen könnte. Er antwortete, er habe vor, sie zu besuchen, und sei auf der Suche nach einem Vorwand, zum Beispiel den einer Dienstreise. Es habe ihn traurig gemacht, daß sie in eine kalte und einsame Wohnung zurückkehren mußte.

Ich deutete, er könne sich traurig fühlen, traurig über sich selbst und über seine Tochter. Allem Anschein nach brachte ihn das dazu, eine lange, lebhaft erzählte Geschichte über den Direktor eines Konkurrenzunternehmens vom Stapel zu lassen, der angeklagt worden war, von seinen Angestellten Sex gegen Beförderung zu verlangen. Sie hatten darüber im Büro gesprochen, und seine Assistentin hatte, ohne ihn zu fragen, insgeheim Erkundigungen über die Firma eingezogen, indem sie vorgab, sich um eine Stelle zu bewerben. Der Patient hatte ihr gegenüber eine moralische Haltung eingenommen und sie gescholten, sie habe sich unethisch verhalten. Ich meinte, er gehe mit den traurigen Gefühlen wegen der Einsamkeit seiner Tochter und auch wegen seiner eigenen Einsamkeit so um, daß er Missetaten vorführe und eine moralische Position einnehme – gegenüber dem Direktor der Konkurrenzfirma, gegenüber seiner Assistentin und auch mir gegenüber. Ich sagte weiter, er werde schnell mißtrauisch und frage sich, ob etwas an meinen Motiven ungehörig oder gar sexuell sei, wenn ich ihm herzlicher vorkomme. Er beendete die Stunde mit der Bemerkung, er gerate in Panik, wenn er keine moralische Position habe. Das erzeuge eine Art Nebel, und er wisse dann nicht mehr, wo er sei. Seine Frau habe ihm immer gesagt, er müsse wissen, was er wolle, und dafür kämpfen. Sie habe es als moralische Schwäche angesehen, daß er es manchmal nicht wußte.

Kommentar

In dieser Sitzung schloß der herzliche Kontakt das Geschenk für seine Mutter mit ein, und er versuchte, wie bei seiner Reaktion auf das schnelle Bezahlen der Rechnung, seine Anstrengung herunterzuspielen, als seine Mutter ihren Dank ausdrückte. Für diesen Patienten war das Verschenken von Blumen ein ungewöhnlich großzügiger Akt, und diesen Akt als Ausdruck seiner Gefühle anzuerkennen, berührte ihn unangenehm. Seine erste Abwehrmaßnahme war, ihn als nichts Besonderes darzustellen, als wollte er verleugnen, daß er Ausdruck wahrer Gefühle sei; als er mich damit nicht überzeugte, griff er zum vertrauten Mittel eines Rückfalls in die Paranoia in bezug auf seine Frau. Was er über ihre Reaktion auf seine Erzählung vom Ausstatten seiner Küche berichtete, ließ im Ansatz erkennen, wie es früher zu ihren erbitterten Zusammenstößen kam, bei denen sie ihn angriff und er entweder masochistisch in ihre Mißbilligung einstimmte oder sich empört verteidigte. Diesmal hatte er anscheinend widerstehen können, und erst später, als er seine Küche mit der seiner Frau verglich, konnte er denken, daß ihre Motive komplexer gewesen sein könnten. In einer späteren Sitzung zeigte sich dieselbe Konfiguration, als er mit ihr über seine Analyse sprach und sie sich beklagte, daß sie selbst sich seit der Scheidung keine Analyse leisten könne. Seine erste Reaktion war, ihr Geld anzubieten, und es gelang ihm gerade noch, diesen Impuls zu kontrollieren. Später konnte er erkennen, daß er fürchtete, etwas Gutes zu haben würde bei anderen Neid erwecken, und daß dies der Grund war, warum er das Gute, das er hatte, verbarg oder kleiner machte. Aus dem *seelischen Rückzug* herauszukommen, bedeutete, mehr Kontakt mit der Realität und all den zu ihr gehörigen Gefühlen zu haben, einschließlich des Neids, den er zu dem Zeitpunkt noch so erlebte, als käme er eher von seiner Frau als von ihm selbst.

Das Nachlassen der Paranoia schien es ihm zu ermöglichen, über seine Situation nachzudenken und sich mit meiner Unterstützung beispielsweise vorzustellen, er könnte, falls er seiner Tochter gegenüber wenig feinfühlig gewesen war, sie noch einmal treffen und versuchen, die Sache wieder in Ordnung zu bringen. Er konnte sogar traurig darüber sein, daß sie, wie er selbst, in eine kalte und einsame Wohnung zurückkehrte. Die damit verknüpften Gefühle von Traurigkeit und Schuld wurden wiederum begrenzt durch die aufkommende Erregung über das sexuelle Fehlverhalten des Direktors des Konkurrenzunternehmens. Er verurteilte den Direktor und auch die Methoden, mit denen sich seine Assistentin Informationen beschafft hatte. Ich denke, er fühlte sich hier von einer beobachtenden Person angegriffen, vielleicht einer Mutter, die mitbekam, wie sich zwischen ihm und mir eine engere Beziehung entwickelte. Als er sich mit dieser Person identifizierte, wurde er moralisch und verurteilte uns beide. Er schien unfähig, seinen guten Gefühlen zu trauen, wie er auch immer bereit war, den guten Gefühlen anderer zu mißtrauen.

Zweite Stunde

Nach dem Wochenende erzählte er, daß die Geburtstagsfeier seiner Mutter gut verlaufen war, »zumindest aus ihrer Sicht«. Ruth, die Frau seines Bruders, hatte ihn gebeten, eine kurze Ansprache zu halten, und er war besorgt, daß sein Bruder oder sein Vater sich ausgeschlossen fühlen könnten. Seine Mutter sagte, es sei schön, so eine nette Familie zu haben, und das ließ ihn zusammenzucken. Er traf mehrere Cousins, vor allem aus der väterlichen Linie, die er seit 25 Jahren nicht mehr gesehen hatte. Die Schwester seines Vaters war aus Amsterdam gekommen. Aber er fühlte sich schlecht, weil er beim Gehen vergessen hatte, sich von seiner Tochter zu verabschieden und ihr den fälligen Scheck zu geben. Er fügte hinzu, er denke, ich würde an diesem Bericht nichts Besonderes finden.

Ich deutete, daß er – auch wenn er meinte, ich würde seinen Bericht als nichts Besonderes ansehen – trotz seiner Gefühle von Bedauern und ängstlicher Besorgnis offenbar einige neue Erfahrungen gemacht habe. Er habe seine Kontakte erweitert, indem er mehrere Cousins getroffen, die Frau seines Bruders mit Namen genannt und sogar anerkannt habe, daß seine Mutter einen anderen Blickwinkel als er haben und ihre Familie nett finden konnte.

Er sagte, das klinge jetzt akzeptabler, nachdem ich es gesagt hätte, aber »nett« habe so viele Beiklänge. In der Schule hatte man ihm beigebracht, dieses Wort nicht zu gebrauchen. Und bei der Feier war nicht alles nett gewesen. Zum Beispiel hatte der Bruder seines Vaters, der im Krieg getötet worden war, eine Tochter namens Francis, die nicht zum Fest kommen konnte, weil sie sich von einer Operation erholte. Im vergangenen Jahr war sein Vater in Holland gewesen und hatte das Feld gefunden, wo, wie er glaubte, das Flugzeug seines Bruders abgestürzt war. Er hatte eine Karte gezeichnet, um den Ort festzuhalten, und wollte sie Francis geben. Der Patient hatte eingewendet, er sei sich nicht sicher, ob Francis diese Einmischung begrüßen würde, aber sein Vater hatte scharf erwidert, er werde ihr die Karte geben, ob sie das nun begrüße oder nicht.

Ich meinte dazu, er zeige einige Teile seines Lebens, die aus seinem Blickwinkel nicht so nett seien, aber er beginne vielleicht zu akzeptieren, daß mein Blickwinkel anders sein könnte. Er finde es nicht nett, einen Vater zu haben, der glaube, es sei wichtig zu wissen, wie der eigene Vater sei, und er finde es schwierig, wenn ich versuchte, für ihn eine Landkarte seiner Beziehungen zu seiner Familie und zu mir zu zeichnen, so daß er besser sehen könne, wo er hineinpasse.

Er wiederholte, daß die »nette Familie« so viel Spannungen zudecke, und brachte das Beispiel eines peinlichen Vorfalls, bei dem sein jüngerer Bruder und sein Vater in Streit darüber gerieten, welchen Weg man zu seiner Wohnung nehmen sollte. Sein Bruder wies den Vorschlag des Vaters zurück und war dann peinlich berührt, als er sich verirrte. Ich deutete dies unter dem Gesichtspunkt seines permanenten inneren Widerstands dagegen, zu akzeptieren, daß er eine Landkarte brauche, aber er reagierte nicht darauf und brachte ein weiteres Beispiel für die unangemessene Haltung seines Vaters. Am Tag vor der Geburtstagsfeier sollte ein neuer Teppichboden in seiner Wohnung verlegt werden, und sein Vater hatte angeboten, den Vormittag dort zu verbringen, um die Arbeiten zu beaufsichtigen. Tatsächlich wurde gut gearbeitet und es war billiger, als er erwartet hatte; doch war das erste, was er bei seiner Ankunft bemerkte, ein Fleck. Ein Werkzeug war so abgelegt worden, daß es Spuren hinterließ, und der Fleck starrte ihn an und war nicht zu übersehen. Sein Vater rief an und war ganz begeistert, wie nett der Teppich aussehe; er erwähnte den Fleck mit keinem Wort. Wie konnte er ihn nur übersehen?

Ich sagte, er bestehe darauf, daß das Wort »nett« etwas schrecklich Falsches verdecke, das wie ein Fleck durchscheine. Seine Eltern meinten nicht, daß ihnen das ihr gutes Gefühl zu ihrer Familie verderbe, aber ihm sei es unmöglich, es zu übersehen.

Er antwortete, seine Mutter habe auch gesagt, die Fliesen im Bad seien nett, aber als er nachhakte, teilte sie seine Meinung, daß sie wohl andere gewählt hätte; aber sie meinte, sie habe nur sagen wollen, man könne »mit ihnen leben«.

Er beendete die Stunde, indem er eine Verbindung mit seiner Schäbigkeit im Umgang mit Geld herstellte, der ich nicht folgen konnte. Er habe sich dabei ertappt, wie er ein paar Pennys in einem Marmeladenglas sammelte, und er schämte sich, als er eine Frau mit Baby sah, die trotz ihrer offensichtlichen Armut auf eine freiere Weise einkaufte.

Diskussion

In dieser Stunde dauerte die herzlichere Stimmung an, sie führte zu neuen Kontaktmöglichkeiten. In einem gewissen Ausmaß konnte er die Vorstellung akzeptieren, daß er und seine Eltern und daß er und ich verschiedene Blickwinkel einnehmen können.

Kapitel 2

Er sagte, ein Gedanke erschien ihm, nachdem ich ihn geäußert hatte, akzeptabler als vorher; aber wenn er akzeptierte, daß ihm eine Deutung dabei half, die Dinge klarer zu sehen, kam dies dem Anerkennen seines dringenden Bedürfnisses nach einer Landkarte zu nahe und aktivierte seine Ambivalenz.

Insbesondere schien er zu fürchten, daß ich das Auftauchen guter Dinge benutzen würde, um eine Idealisierung aufrechtzuerhalten; er meinte, ich würde dann behaupten, alles sei nett, und um das zu verhindern, wollte er, daß ich die Flecken wahrnahm.

Etwas Gutes zum Ausdruck zu bringen, verwechselte der Patient mit einer Idealisierung, in deren Zentrum eine Phantasie zu stehen schien, der zufolge er der ideale Partner für seine Mutter war und sie auf eine Weise erfüllen konnte, wie es der Vater nicht vermochte. Wenn ich glaubte, daß er gute Eigenschaften habe, die wir in der Analyse beobachten konnten, fürchtete er, daß mein eigener Wunsch, in ihm einen idealen Sohn zu haben, dazu führte, daß ich die Flecken übersah, die durch die Idealisierung durchschienen. Weil er die Idealisierung benutzte, um den *seelischen Rückzug* aufrechtzuerhalten, war er davon überzeugt, daß jeder Schwachpunkt die Glaubwürdigkeit der *pathologischen Organisation* zerstören und zu ihrem Zusammenbruch führen würde. Nur langsam konnte er sich vorstellen, daß ambivalente Gefühle möglich sind und daß ich, wenn ich von guten Seiten in ihm und seinen Objekten sprach, nicht all die schlechten Seiten vergaß, mit denen er so sehr beschäftigt war.

Was diese Flecken bedeuten und warum er sich sicherer fühlte, wenn Schlechtes zuungunsten von Verbesserungen hervorgehoben wurde, bleibt ungewiß. Die Verbindung mit Geld könnte vielleicht eine Angst vor analer Inkontinenz nahelegen, so als ob er sich öffnete und alle möglichen schmutzigen Dinge herausließe, wenn er seinen Geldbeutel aufmachte und sich großzügiger fühlte. Ich vermute aber, daß es eigentlich um die Idealisierung selbst ging. Wenn er sie fest in sich behielt, wurden seine Fäzes als Gold angesehen und stützten seine Allmachts- und Unsterblichkeitsphantasien. Wurde der Fleck ans Tageslicht gebracht, dann erwies er sich als real und machte den Patienten zu einem gewöhnlicheren Menschen, weil nicht einmal der Fleck so monströs war, wie er es gern glauben mochte.

Obwohl noch viel von den Problemen zu verstehen bleibt, die auftauchen, wenn Patienten anfangen Fortschritte zu machen und sich aus dem *seelischen Rückzug* herausbewegen, um sich selbst und ihren Objekten realistischer zu begegnen, bestand bei diesem Patienten ein besonders wichtiger Bereich offenbar in dem Gefühl von Peinlichkeit, das aufkam, wenn er als jemand mit guten Gefühlen und guten Erfahrungen gesehen wurde. Sich gefühlvoll zu zeigen, hatte ihn immer peinlich berührt, und er hatte das Gefühl, auch seine Mutter könne Rührseligkeit und Sentimentalität nicht ertragen. Bei einem früheren Familienfest war es ihm unangenehm gewesen, daß sein Vater über die Zeit sprach, als die Eltern umeinander geworben hatten; und als sein Vater den Arm um seine Frau legte, sagte der Patient, er habe gesehen, wie sie sich duckte. Die für diese Empfindung von Peinlichkeit verantwortlichen Faktoren sind komplex, aber offenbar spielte die Angst vor projiziertem Neid eine große Rolle. Zudem schien mir der Patient immer davon überzeugt, beobachtet zu werden, manchmal von einer realen Person, aber häufiger von inneren oder imaginären Zuschauern. Er schien davon überzeugt, daß dieser Beobachter seine Neigung zu Idealisierung erkennen und verurteilen würde, ebenso, wie er seine Eltern verdächtigte, Schönheitsfehler zu übersehen und alles, was sie hatten, als »nett« zu idealisieren. Er hatte immer Angst, jemand außerhalb eines kleinen Freundeskreises werde herausfinden, daß er in Analyse war, und es hatte ihn sehr peinlich berührt, einen Kollegen im Zug zu treffen, der ihn fragte, was er denn in diesem Stadtteil mache.

Während er sich im Griff einer pathologischen Persönlichkeitsorganisation wie der von Rosenfeld beschriebenen narzißtischen mafiaartigen, destruktiven Bande befand, führte jeder Versuch zu entkommen, sich guten Objekten zuzuwenden oder selbständig zu denken, zu einem gewaltsamen, destruktiven Angriff, der eine paranoide Wachsamkeit verstärkte. Zu diesen Zeiten bedeutete das Heraustreten aus dem seelischen Rückzug, Ängste vor Desintegration und Zusammenbruch aushalten zu müssen, die mit der paranoid-schizoiden Position einhergehen.

Nach einigen Entwicklungsschritten erschien der Patient stärker und die Bande weniger allmächtig und destruktiv, so daß das Heraustreten aus dem seelischen Rückzug in Richtung auf die depressive Position eher möglich schien. Gleichzeitig schien sich das Wesen des Beobachters zu verändern und damit die mit ihm verbundene Angst: Statt Vergeltung fürchtete der Patient nun, ausgelacht und vorgeführt zu werden, und zwar nicht nur als der, der er war, sondern als der, zu dem er sich gemacht hatte, als er sich zur Position des idealisierten ödipalen Konkurrenten erhob. Obwohl die Peinlichkeit und Scham weniger erschreckend waren als die paranoiden Angriffe, erschienen sie dem Patienten immer noch so unangenehm, daß er es vorzog, in den Schutz der vom Rückzug aufrechterhaltenen Idealisierungen zurückzukehren. Weil die Peinlichkeit schwer zu ertragen war, konnte die Situation nicht durchgearbeitet und so Scham nicht von Schuld unterschieden werden.

Als der Patient sich schlecht fühlte, weil er so sehr mit Gedanken an die eigene Wohnung beschäftigt gewesen war, daß er nicht mitbekommen hatte, wie es seiner Tochter ging, schien er ein passageres Schuldgefühl zu empfinden, das Anlaß zu Wiedergutmachungswünschen gab. Er dachte daran, sich noch einmal mit ihr zu treffen, aber dann mußte er einen Vorwand in Form einer beruflichen Verabredung finden. Er mußte auch den Gefühlen ausweichen, die in der Stunde aufgetaucht waren; dazu diente seine Erregung wegen der Ungehörigkeit des konkurrierenden Managers und wegen der Art, wie seine Assistentin Nachforschungen anstellte. Er mußte die guten Gefühle auf ein Minimum zurückschrauben, als er empfand, sie würden von anderen wie auch von mir neidisch attackiert. Er hatte wohl das Gefühl, daß ich auf ähnlich verdeckte Weise wie seine Assistentin Nachforschungen über seine Beziehungen anstellte und daß ich ihm eine Landkarte für seine Gefühle gebe, worum er mich nicht gebeten hatte und was er als eindringend und peinlich berührend empfand.

Vielleicht hatten ihn sein fehlender Glaube an die Möglichkeit von Ambivalenz zur Idealisierung gedrängt, so daß jeder Schönheitsfleck die Perfektion zerstörte, die er zu brauchen glaubte. Wenn ich seiner herzlicheren Gefühle gewahr wurde, wurde ich zum unerwünschten Eindringling, und er stellte Wiedergutmachungsversuche ein, weil sie die beobachteten Mängel nicht völlig behoben. Seine Mutter konnte ihm sagen, daß sie Unvollkommenheiten ertragen und mit ihnen leben könne, aber er konnte seinen Wunsch nach einer perfekten Familie, nach perfekten Badfliesen oder nach einem fleckenlosen Teppich nicht aufgeben. Er konnte nicht akzeptieren, daß er mit eigenen Anteilen leben könnte, die nicht so nett waren, und daß er ambivalente Gefühle gegenüber seinen Objekten einschließlich seines Analytikers hegte. Die Idealisierung versetzte ihn auch in die ständige Angst vor neidischen Angriffen, weil er sich selbst nicht als gewöhnlich, im Guten wie im Schlechten, sehen konnte. Das bedeutet, daß er immer besorgt war, daß die Idealisierung durchscheinen würde und daß die so erkannten Flecken sein Bild von Perfektion zerstören würden. So kann Scham, wie Ruth Malcolm gesagt hat (Riesenberg-Malcolm 1999), das Durcharbeiten von Schuld verhindern und Bewegungen in Richtung auf Wiedergutmachung stören.

Beim Erörtern der Probleme, die das Auftauchen guter Gefühle dem Patienten bereitete, bemerkte ich schnell mein eigenes Unbehagen, wenn ich Sitzungen beschrieb, in denen ich zeigen wollte, daß ein bedeutsamer Fortschritt zu erkennen war. Es schien viel sicherer, Patienten zu beschreiben, die schwer erreichbar waren, die sich hartnäckig weigerten, sich zu bewegen oder die alles Gute, was der Analytiker anzubieten hatte, angriffen und zerstörten. Ich bemerkte eine Furcht, mich lächerlich zu machen, ich fürchtete, man werde darauf hinweisen, daß ich in eine Kollusion mit den Eltern des Patienten geriet, indem ich behauptete, alles sei nett, und meine eigene Arbeit idealisierte. Ich glaube, daß man sich dieser Verlegenheit aussetzen sollte, statt sie zu verleugnen, und daß mein Unbehagen und das meines Patienten sich zum Teil entsprachen.

In diesem Bereich gibt es noch viel zu verstehen, und einige der Unterschiede zwischen ähnlichen, aber doch etwas verschiedenen emotionalen Zuständen müssen noch erforscht werden. Zum Beispiel könnte es beim Gebrauch von R. Brittons Schema nützlich sein, Schuld als Reaktion auf Angriffe gegen das begehrte Objekt zu sehen, während Scham gegenüber dem beobachtenden Objekt empfunden wird, dessen Mißbilligung man fürchtet. Weiterhin könnte der Unterschied zwischen einer peinlichen Empfindung und der stärker verfolgenden Qualität von Gefühlen wie Scham und Demütigung mit der unterschiedlichen Situation zusammenhängen, je nachdem, ob das Heraustreten aus einem seelischen Rückzug dadurch erzwungen wird, daß das Subjekt von einer mächtigen und strafenden Figur vertrieben wird, oder ob es auf einem allmählichen Wachsen und Ausbilden der Fähigkeit beruht, frühere Idealisierungen und Realitätsverzerrungen zu erkennen. Im ersten Fall werden Scham und Demütigung benutzt, um Unterwerfung zu erzwingen; sie werden als Strafe erlebt, die wiederum zu Groll und Rachegefühlen führt und es schwermacht, Schuld zu ertragen.

Wenn der Patient jedoch Fortschritte macht, ändert sich die Erfahrung des Beobachtetwerdens, sie bleibt aber äußerst unangenehm. Das Anerkennen guter Seiten im Selbst und in den Objekten taucht neben der Verfolgung auf, und der bessere Kontakt mit der Realität macht die Gefühle bewußt, die in Beziehung zu wirklichen Objekten und wirklicher Selbstwahrnehmung entstehen. Verlegenheit angesichts guter Gefühle führt weiterhin zu Abwehrbewegungen, die das Subjekt in den *seelischen Rückzug* zurücktreiben, wo es den Schutz der narzißtischen Organisation suchen kann. Ich denke aber, daß Entwicklungsschritte, die zum Nachlassen der Verfolgung geführt haben, nicht im selben Maß rückgängig gemacht werden, wie es der Fall ist, wenn die Vertreibung aus dem Rückzugsort das Ergebnis eines rachsüchtigen Angriffs war und Demütigung und Scham ein extremes Ausmaß annehmen.

Wahrscheinlich gibt es Unterschiede quantitativer Art, und es läßt sich ein Kontinuum ausmachen, auf dem dann ein ganzes Spektrum von fein abgestuften Gefühlen angeordnet werden kann. Dazu gehören Gefühle von Bescheidenheit, Scheu, beschämter Verwirrung, Schüchternheit, Befangenheit und Verlegenheit auf der einen Seite, und die schmerzhaften Gefühle von Schande, Entehrung, Kränkung, Demütigung, Lächerlichkeit und Gesichtsverlust auf der anderen. Die erniedrigenderen Erfahrungen führen zu seelischen Rückzugszuständen, die auf Groll und dem Wunsch nach Rache basieren, während die weniger verfolgenden Erfahrungen zwar immer noch äußerst unangenehm bleiben, aber doch manchmal erträglich sind, wenn der Analytiker erkennen kann, wie schwer sie auszuhalten sind, und in der Lage ist, zu verstehen, daß der Patient vielleicht das Gefühl hat, ein offeneres Anerkennen von etwas Gutem könnte als gefährlich erlebt werden.

Aus dem Englischen von Peter Vorbach

[KAPITEL 3]

Die Angst vor Demütigung und Spott

In diesem Kapitel untersuche ich einige Erfahrungen, die Patienten machen, wenn sie den Schutz eines *psychischen Rückzugs* verlassen; ich versuche dabei zu verstehen, warum die Vorstellung, diesen Schutzraum zu verlassen, so viel Furcht auszulösen scheint. Der Rückzug wurde auf unterschiedliche Weise aufgefaßt, als Abwehrorganisation (Riviere 1936, O'Shaughnessy 1981, Segal 1972), als Ausdruck von destruktivem Narzißmus (Rosenfeld 1971), als Enklave (O'Shaughnessy 1992) oder als pathologische Organisation (Steiner 1993); hier möchte ich aber ein Element hervorheben, und zwar den Rückzug, der vom Patienten als Ort erlebt wird, wo er sich verstecken kann und daher in unterschiedlichem Ausmaß davor geschützt ist, so gesehen zu werden, wie er wirklich ist. Diesen Ort zu verlassen, heißt für den Patienten, den Schutz zu verlieren und in Kontakt mit Ängsten zu kommen, die mit Bloßstellung und Schutzlosigkeit verbunden sind. Starke Verfolgungsängste zeigen sich oft als Angst, ausgeraubt, angegriffen oder getötet zu werden, aber ich habe bemerkt, daß – auch ohne solche extremen Ängste oder über sie hinaus – viele Patienten anscheinend schon die Möglichkeit fürchten, beobachtet zu werden. Außerhalb des Rückzugsorts fühlen sie sich etwa nackt oder durchsichtig oder sind davon überzeugt, daß ihre Gedanken und Phantasien für jeden offensichtlich sind. Beobachtet zu werden, führt nach ihrem Gefühl zu Demütigung und Spott, und oft wenden sich Patienten aus diesem Grund wieder dem Rückzugsort zu, der als eine Art Vorhang dient, hinter dem sie sich verstecken und insbesondere etwas von sich verbergen können, dessen sie sich schämen.

Selbst wenn Fortschritte den Patienten dazu gebracht haben, aus eigenem Antrieb erste Schritte aus dem Rückzugsort heraus zu unternehmen, und wenn er mehr Vertrauen in gute Elemente gewonnen hat, die Anlaß zu Befriedigung und Stolz geben, ist es möglich, daß er sich weiterhin Sorgen macht, sogar diese könnten zum Gegenstand von Spott werden – und aufgrund einer derartigen Empfindlichkeit zieht er es womöglich vor, wieder in den Schutz des Rückzugs zurückzukehren (Steiner 2001). Noch mehr Angst löst die Vorstellung aus, gewaltsam aus dem Rückzugsort vertrieben zu werden wie Adam und Eva aus dem Paradies, die ihre Nacktheit bemerkten und sich schämten, als sie gezwungen wurden, sich der Realität zu stellen. Die Furcht vor Entblößung scheint am heftigsten zu sein, wenn der Rückzug auf einer narzißtischen Selbsttäuschung beruhte, wie im Märchen »Des Kaisers neue Kleider«.

Personen, die sich auf diese Weise entblößt fühlen, beschreiben Gefühle, die entlang einem breiten Spektrum unangenehmer Reaktionen angeordnet werden können und für die es eine große Zahl von Wörtern gibt, angefangen von seelischen Zuständen wie Entwürdigung, Demütigung und Kränkung, bei denen das Unbehagen extrem ist, bis zu Scham, Peinlichkeit, Scheu und Verwirrung, die milder und weniger verfolgend erlebt werden. Aber auch die Seelenzustände am weniger schrecklichen Ende des Spektrums werden gefürchtet, und Patienten, die sich entblößt fühlen, müssen sofort handeln, um ihrem Unbehagen ein Ende zu bereiten. Ist es auch sehr wichtig, die Unterschiede innerhalb der Vielfalt von Erfahrungen in diesem Bereich zu beachten, so ist ihnen allen doch eine unerträgliche Qualität gemeinsam, die das Bedürfnis, sich zu verstecken oder aus dem Blickfeld zu verschwinden, dringend und unaufschiebbar macht. Die Patienten erklären, sie würden lieber sterben als gesehen werden, sie wünschten sich, die Erde möge sich unter ihnen öffnen und sie verschlucken, oder sie beschreiben das Bloßgestelltwerden als die schlimmste Erfahrung ihres Lebens.

Die Angst vor Bloßstellung scheint ein wichtiger Grund für die Wiedererrichtung einer narzißtischen Organisation zu sein, die den Patienten durch die erneute Bildung eines *psychischen Rückzugs* schützt. In der demütigenden Situation gibt es oft mehrere Beobachter, die eine Gruppe oder Organisation bilden, und der Patient kann die Demütigung rückgängig machen, indem er Teil der Beobachtergruppe wird und einen anderen für die Rolle des Opfers findet, dem die Erfahrung der Demütigung aufgezwungen wird. Ein Objekt zu finden, das man beobachtet, bloßstellt und demütigt, kann daher eine Abwehr eigener Demütigung sein, aber es ist unmöglich, diesen Abwehraspekt von Situationen zu unterscheiden, in denen sadistisches Betrachten und Demütigen an erster Stelle stehen. Die Augen können benutzt werden, um auf unterschiedlichste Weise und mit unterschiedlichsten Motiven wie Neid, Gier und Haß in das Objekt einzudringen und es anzugreifen; der Prozeß kann erotisiert werden, um bei der Demütigung des Objekts eine voyeuristische Erregung zu erzeugen. Wurden solche Angriffe von der narzißtischen Organisation unterstützt und unkenntlich gemacht, fürchtet der Patient, daß er ohne ihren Schutz nicht nur als klein und verletzlich, sondern auch als Sadist und Voyeur bloßgestellt wird.

Wie so oft in der Psychoanalyse ist es unmöglich zu bestimmen, welche dieser Situationen die primäre ist; das heißt, ob die Erfahrung des Beobachtetwerdens defensiv umgekehrt wird, oder ob die eigene Neigung zu grausamem und herablassendem Beobachten zu der Angst führt, die Positionen könnten vertauscht werden. Klar ist, daß beide Erfahrungen, die des demütigenden Bloßgestelltwerdens und zugleich die eigene Neigung, andere zu demütigen, unvermeidlich präsent sind. Die Angst des Patienten vor Demütigung steht daher oft in einem direkten Verhältnis zu seiner Tendenz, andere zu beobachten und zu demütigen.

Klinisches Material

Im Verlauf einer Analyse kann das Thema Demütigung leicht übersehen werden, zum Teil vielleicht, weil der Patient selbst nicht so gerne darüber spricht, vor allem aber, denke ich, weil es dem Analytiker Unbehagen bereitet. Dieses Unbehagen kommt von zwei Seiten, von dem Gefühl, vom Patienten beobachtet und bloßgestellt zu werden, und von der Anklage, den Patienten bloßgestellt und gedemütigt zu haben. Ich werde versuchen, dieses Thema anhand von Material eines Patienten zu untersuchen, der sich besonders intensiv mit Demütigung beschäftigte und der versuchte, Demütigung frontal anzugehen, als ob er mit betonter Tapferkeit kontern wollte.

Der Patient arbeitete als Volkswirt bei einem großen internationalen Börsenmakler in London. Er war einigermaßen erfolgreich, konnte aber wohl sein Potential aus der Oxforder Studienzeit nicht ganz umsetzen. Seine Arbeit langweilte ihn ziemlich, und er war sich über seine Zukunftspläne im unklaren. Er stammte aus einer arbeitsamen Akademikerfamilie aus Nordengland, die auf den tragischen Tod seiner Mutter aufgrund einer unerklärlichen Infektion in seinem 16. Lebensjahr tief betroffen reagiert hatte. Ihr Tod blieb ein wenig geheimnisvoll, was die Möglichkeit nahelegte, man hätte etwas unternehmen können, um ihn zu verhindern. Sein Vater heiratete noch einmal, aber er hatte den Eindruck, daß sich die Familie nie mehr von der Tragödie erholte und hauptsächlich so damit umging, daß sie sich von ihren Gefühlen und Erinnerungen abschnitt. Er fuhr von Zeit zu Zeit nach Hause, um seine Familie zu besuchen, und telefonierte regelmäßig mit seinem Vater und seiner Stiefmutter, aber die Unterhaltungen enttäuschten ihn normalerweise, und er klagte, sie seien nur an neuen Erfolgen interessiert und wollten insbesondere, daß er heirate und eine Familie habe wie sein jüngerer Bruder. Anfänglich sagte der Patient sehr wenig über seine Mutter. Vor kurzem aber erschien sie als eine Person mit mehr eigener Substanz und mit einer eigenen beruflichen Karriere. Er hatte eine enge Beziehung zum Vater und befragte ihn oft über Ereignisse in seiner Kindheit, über seine Mutter und die Umstände ihres Todes.

Zur Analyse kam er wegen seiner Schwierigkeiten, Beziehungen aufzunehmen. Obwohl er sehr darauf aus war, eine Freundin zu haben, näherte er sich Frauen mit quälender Unbeholfenheit und blieb immer wieder erfolglos, wenn er einen intimeren oder sexuellen Kontakt aufnehmen wollte. Er weigerte sich aufzugeben und versuchte es immer wieder mit einer Art forcierter Tapferkeit, um seine Scheu zu überwinden. Gegenwärtig galt dieses Verhaltensmuster einer Kollegin namens Alicia, die ihm schon mehrmals gesagt hatte, daß sie kein Interesse an einer Beziehung habe, aber Einladungen zum Essen annahm und ihn manchmal an der Nase herumzuführen schien. Er versuchte eine kühle Haltung einzunehmen, war aber wütend, wenn sie beispielsweise bei einem Bürofest auftauchte, obwohl sie ihm gesagt hatte, sie möge keine Geselligkeit mit Kollegen. Besonders provoziert fühlte er sich, als er sah, daß Kollegen sie auf die Wange küßten, denn sie hatte sich beschwert, als er kürzlich genau dasselbe getan hatte.

Ich werde Material aus Sitzungen beschreiben, die ungefähr zwei Monate nach den terroristischen Angriffen auf das World Trade Center stattfanden; dieser Anschlag hatte ihn sehr bestürzt, unter anderem weil er in den USA studiert hatte und einige seiner Geschäftspartner in New York arbeiteten.

Am Anfang einer Stunde erzählte er einen Traum, und zwar auf eine Art und Weise, die bei mir den Eindruck hinterließ, er sei entschlossen, seine Scheu zugleich zu überwinden und zu verbergen.

> Im Traum stieg er von einem Strand einige Schritte hoch zu einem Haus und kam an einem Chinesen vorbei, der ihn auslachte. Er dachte, der Grund dafür sei wohl, daß er nackt war oder nur ein T-Shirt trug. Er beschloß, den Mann zu ignorieren, und fand am Ende der Treppe eine Frau. Sie wollte Sex, und er beschrieb das Geschehen sehr detailliert, bei dem die Frau ihn zu verschiedenen rohen sexuellen Akten ermutigte. Zuerst klang er erregt und sogar triumphierend, er benutzte ganz freimütig obszöne Ausdrücke, aber die Erregung hielt in seiner Erzählung nicht an und auch im Traum endete sie in einer Enttäuschung.

Als er zu dem Chinesen assoziierte, sagte er, das erinnere ihn an eine Chinareise vor etwa zehn Jahren, als er in einem Park, wo es keine Toilette gab, »scheißen mußte«. Er beschloß, einfach auf dem Gras in die Hocke zu gehen, als eine Gruppe von vier Chinesen auf ihn zukam. Er machte weiter, als hätte er sie nicht gesehen, und sagte zu sich selbst, er müsse nicht peinlich berührt sein, weil sie Ausländer waren. Er merkte, daß sie das irgendwie unmenschlich machte, und er fühlte sich bei dem Gedanken selbst nicht wohl.

Beim Nachdenken über dieses Material hatte ich den Eindruck, es beleuchte sein Problem, seine Ungeschicklichkeit mit anderen Menschen zu überwinden. Er fand das Reden über intime Themen in der Analyse sehr unangenehm, aber er strengte sich sehr an, dies zu überwinden. Nach meinem Eindruck dachte er, Analytiker seien Offenheit und explizites Sich-Ausdrücken gewohnt und erwarteten dasselbe von ihren Patienten, besonders wenn es um Sexualität oder Körperfunktionen ging. So zeigte er sich männlich-ungehobelt und benutzte rohe Ausdrücke, bei denen er sich sichtlich unwohl fühlte und die auch mir Unbehagen bereiteten. Es schien eine unangemessene und ungute Art des Redens zu sein, und ich dachte, er wolle mich damit in eine männliche Intimität hineinziehen, die mir nicht gefiel. Meines Erachtens versuchte er, einer der Jungen zu sein und mich dafür zu gewinnen, mitzumachen und auf die Frau in seinem Traum herabzusehen. Es war jedoch nicht schwer zu sehen, daß ihm das helfen sollte, mit einer schmerzlicheren Situation klarzukommen, in der die Frau und ich auf ihn als den kleinen Jungen herabsahen, der nackt war oder nur ein T-Shirt anhatte und der sich nie sicher war, ob er geliebt wurde. Und tatsächlich, wenn er wie im Traum trotz seiner Verlegenheit damit weitermachen wollte, mußte er mit einer beobachtenden Person kämpfen, in diesem Fall mit dem Chinesen, der ihn auslachte. Seine Assoziation, sich im vollen Blickfeld der chinesischen Paare hinzuhocken, unterstreicht sein Gefühl, klein und schmutzig zu sein und die Kontrolle verloren zu haben, und er muß sich verloren gefühlt haben, weil er nicht wußte, wie er nach einer Toilette hätte fragen können. Seine einzige Möglichkeit, damit umzugehen, war, die Beobachter zu entwerten, die ihn kompromittiert und entblößt erwischt hatten. Wenn er sie als Ausländer ansehen konnte, waren sie nicht von Bedeutung. Ich denke, er konnte dann das Gefühl, er sei klein, anders und werde nicht ernstgenommen, projizieren, und dies verminderte sein Gefühl von Demütigung.

Gleichzeitig war mein Unbehagen für ihn offensichtlich; es kam meines Erachtens von seinem Wunsch, mich zu verletzen und zu erniedrigen. Es war nicht schlichtweg eine Verteidigung gegen das Beobachtetwerden in seiner Kleinheit und seinem Schmutz, er war klein und schmutzig, wenn er die Sprache benutzte, um mich zu beschmutzen und mir Unbehagen zu bereiten. Solange er sich von der Analyse bestärkt fühlte, auf diese Weise zu reden, konnte er sie als eine Organisation benutzen, die Demütigung billigte, da Analytiker ja abgehärtet und nicht leicht in Verlegenheit zu bringen waren. Wie die Chinesen waren auch die Analytiker eine ganz besondere Spezies. Ich interpretierte sein Verhalten hauptsächlich als defensiv und weniger als Ausdruck seines Hasses auf mich. Dadurch, vermute ich, half ich ihm, die Analyse als schützenden Rückzugsort zu benutzen.

Kurz nach dieser Sitzung schien er mir sein Bedürfnis, Gefühle von Peinlichkeit zu bewältigen, dadurch zu verdeutlichen, daß er mich zur beobachteten Person machte. Etwas, das ich in der vergangenen Woche gesagt hatte, brachte ihn am Montag zu dem Entschluß, auf dem Sessel zu sitzen, statt sich auf die Couch zu legen. Er war scheu, aber auch erregt, und ging ein bißchen wie ein ungezogener Junge um die Couch herum, setzte sich in den Sessel und schaute mich an. »Unglaublich, was man von hier alles sehen kann!«, sagte er. Er hatte mich überrascht, und ich hatte Bücher und Papiere rund um mich verstreut. Ich denke, er bemerkte mein Unbehagen und war selbst verlegen. Ein- oder zweimal kommentierte er: »Das ist ja lustig!« Ich deutete, daß er erregt, aber auch verlegen war, vielleicht, weil er sah, daß ich mich unbehaglich und unangenehm überrascht fühlte.

Ich fühlte mich wohl besonders unbehaglich, zum Teil vielleicht, weil er mich überrascht hatte, aber ich dachte, daß das Gefühl, beobachtet zu werden, gerade bei diesem Patienten ungewöhnlich intensiv war. Ich bemerkte auch das Unbehagen des Patienten, und ich konnte sehen, daß das Erzeugen von Unbehagen bei mir teilweise sein eigenes Unbehagen verdecken sollte. Als er hereinkam, hatte er neben der Couch gezögert und fühlte sich deutlich unsicher, als er etwas tat, das man als Trotzhandlung gegen mich und vielleicht gegen die Analyse im allgemeinen ansehen konnte. Er schilderte es als sehr frustrierend, daß er eine freundliche Unterhaltung über das Wetter oder den Gang der Geschäfte anfing und herausfand, daß ich nicht mitmachte. Er fand es auch unfair, daß ich nicht erklärte, was ich in den Ferien machte, oder Fragen nach meiner Familie nicht beantwortete, und er hatte ernstliche Vorbehalte gegen einiges, was ich tat, etwa Honorar für Stunden zu verlangen, die er verpaßte. Ich vermutete, er fühlte sich im Recht, gegen all das zu protestieren, aber ich denke, er hatte auch das sadistische Vergnügen bemerkt, das es ihm bereitete, wenn er mich beobachtete und mir Unbehagen und das Gefühl von Hilflosigkeit bereitete. Mich in einen versagenden und hilflosen Analytiker zu verwandeln, erregte ihn, machte ihm aber auch angst vor mir, als erwartete er einen Racheakt meinerseits, wenn er zu weit ginge.

In den nächsten Sitzungen saß er weiterhin, obwohl es deutlicher wurde, daß es uns beiden unangenehm war. Am Dienstag erzählte er unvermittelt, daß sein Vater im Krankenhaus war. Die Ärzte machten irgendwelche Untersuchungen und würden ihn vielleicht operieren, und er hatte ihn glücklicherweise am Telefon sprechen können. Am Mittwoch sagte er, sein Vater sei wieder zu Hause und die Ärzte konnten das Problem nicht finden und beobachteten ihn weiter, statt zu operieren. Sie hatten ein langes Gespräch geführt, das sich zunächst um Einzelheiten der Krankheit des Vaters drehte, aber am Ende hatte sein Vater gefragt, wie es ihm gehe. Er stellte oft peinliche Fragen, etwa: »Wie ist denn dein Liebesleben?« Dies hatte nachgelassen, weil der Patient sich darüber beschwert hatte, wurde aber manchmal ersetzt durch die Frage: »Wie geht es in der Analyse?« Diesmal hatte der Patient geantwortet, daß er sich zum Experiment in seiner Analyse aufrecht hingesetzt habe. Einige Minuten später beschäftigte er sich mit einem alten Groll gegenüber seinem Vater wegen der bereits erwähnten Chinareise. Er hatte vorgehabt, Peking zu besuchen, aber sein Vater hatte Angst bekommen und ihm abgeraten, vermutlich wegen der damals aktuellen Vorfälle am Tienanmen-Platz. Widerwillig hatte er zugestimmt, nicht nach Peking zu fahren, aber jetzt, nachdem er den Telefonhörer aufgelegt hatte, wurde er wütend und beschloß, seinem Vater die Stirn zu bieten. Er rief ihn zurück und sagte, er solle seine damaligen Einwände gegen den Peking-Besuch rechtfertigen. Sein Vater war verblüfft und versuchte zu erklären, er sei besorgt gewesen, sein Sohn könnte in Schwierigkeiten geraten, wurde dann aber still und verlegen.

Ich deutete, er habe das Gefühl, die Aufmerksamkeit richte sich auf mich, wenn er sich hinsetze, und er bemerke, daß mir das unangenehm sei. Ich hätte den Eindruck, er spüre, daß er aufdringlich werde, er habe aber das Gefühl, es sei wichtig für ihn, mich anschauen und unter Beobachtung stellen zu können. Ich fügte hinzu, er wolle mir zeigen, wie es sich anfühle, auf der Couch zu liegen und von mir angeschaut und analysiert zu werden. Das brachte ihn zurück zu seinen Klagen über Alicia. Sie habe gesagt, er sei aufdringlich. In der Kneipe habe sie gemeint, sie fühle sich bedrängt, als er ihr mit seinen geöffneten Knien zu nahe kam, während sie die ihren zwischen seinen geschlossen hielt. Er hätte ihr gern gesagt, sie solle sich verdammt noch mal nicht so zieren, aber das wäre seiner Meinung nach vielleicht etwas zu sexuell aufdringlich gewesen. Alicia habe gesagt, er öffne seine Beine, um ihr seine Männlichkeit zu zeigen.

Ich sagte, er habe erkannt, daß er sie in Verlegenheit gebracht hatte, genauso wie er mich und auch seinen Vater in Verlegenheit gebracht hatte, als er ihn wegen Peking angriff, und es bereite ihm Vergnügen, uns zu schockieren und festzunageln. Ich dächte auch, er sei besorgt wegen seines Vaters und der Möglichkeit, daß seine Gesundheit ernstlich bedroht sei, und das wecke in ihm den Wunsch, seinem Vater die Stirn zu bieten, um zu sehen, ob er stark genug sei, damit umzugehen. Als ich die Idee äußerte, er versuche herauszufinden, wie gut ich damit umgehen könne, wenn ich schockiert, überrascht und angeschaut würde, lehnte er sich etwas zurück und bemerkte dabei, daß er auf einem verstellbaren Lehnstuhl saß; er bewegte ihn noch etwas weiter nach hinten und verbrachte den Rest der Stunde in einer halb liegenden Position, aus der er mich nicht anschaute. Er schien mich so vor seinem intensiven Blick zu verschonen und eine Position auf halbem Weg zwischen Sitzen und Liegen einzunehmen, vielleicht als Kompromiß, bei dem er nicht das Gesicht verlor.

Die Sitzung schien mir die Art und Weise, wie der Patient sich mit Beobachten und Beobachtetwerden beschäftigte, zu bestätigen und weiter zu klären. Als er sich wegen seines Vaters Sorgen machte, fühlte er sich genötigt, ihn unter Beobachtung zu stellen, wie es die Ärzte taten. Aber sein Vater war hinsichtlich seines eigenen Befindens eher wortkarg und zog es vor, seinen Sohn ins Zentrum der Aufmerksamkeit zu rücken, indem er seine Besorgnis durch Fragen ausdrückte. Der Patient fühlte sich durch dieses Nachfragen in Verlegenheit gebracht und kehrte die Blickrichtung wieder um, indem er seinen Vater anrief und eine Erklärung für etwas verlangte, das 10 Jahre zurücklag, was wiederum seinen Vater überraschte. Wir können vermuten, daß der Patient sein Gefühl, klein zu sein, und seine Selbstzweifel dadurch zu überwinden versuchte, daß er sich wie jemand benahm, der groß und stark ist, und daß er sich gedemütigt fühlte, wenn diese Taktik keinen Erfolg hatte.

All das scheint in der Übertragung verdichtet zu sein, wenn er nach meinem Eindruck das Gefühl hatte, ich mache ihn klein und schließe ihn aus, indem ich mich hinter der Couch versteckte und mich weigerte, seine Fragen zu beantworten. Sich aufrecht hinzusetzen erschien teilweise als Akt von Rache und Trotz und zugleich als Mittel, sich vor der Demütigung durch Beobachtetwerden zu schützen. Ich denke, es diente auch als Mittel, mir etwas von seiner Erfahrung mitzuteilen und mir dabei zu helfen, zu verstehen, wie es sich anfühlt, beobachtet zu werden. Ich nahm natürlich an, daß sich hinter diesen Fragen all jene verbargen, die er gern gestellt hätte über die Vorfälle beim Tod seiner Mutter und über die Auswirkungen, die dies auf die Familie hatte. Seine

Assoziation zu Alicia stellte auch klar, daß es ihn erregte, wenn er mich in die Ecke drängte und mich dort mit seinen Augen festnagelte. Alicias Bemerkungen halfen mir zu erkennen, daß sein aufrechtes Sitzen ein Element von Grausamkeit wie auch von Exhibitionismus enthielt, das meiner Meinung nach dazu dienen sollte, mich zu schockieren und in eine peinliche Lage zu bringen.

Am Donnerstag zögerte er erneut und setzte sich dann wieder in den Sessel, in dem er sich bis zu einer fast waagrechten Position zurücklehnte. Er erzählte mir einen ziemlich komplexen Traum:

> Er hatte eine Reise gemacht, die auf einem Universitätscampus endete, wo er sich in einer Gruppe junger Arbeitskollegen wiederfand, die im Kreis saßen und T-Shirts mit Namen von Universitäten trugen. Die meisten waren amerikanisch, darunter Harvard, wo er ein Jahr lang geforscht hatte, und er bemerkte eins mit einem seltsamen Namen, irgend etwas wie »Michelson«, was ihm Kopfzerbrechen bereitete. Es gab eine Menge weiterer verwirrender Details, und in einer Szene sagte ein amerikanischer Kollege, er werde auf eine Party zur Feier des Jahrestags von Pearl Harbor gehen. Er machte einen Witz und sagte, da würden wohl nicht viele Japaner kommen.

Als ich schwieg, wurde es ihm unbehaglich und er meinte, der Traum sei vielleicht ein bißchen wirr, wenn ich ihn deuten wollte. Er war im Traum verwirrt und desorientiert gewesen, und mir schien, er hatte den Eindruck, es sei ihm gelungen, mir genau dasselbe Gefühl zu vermitteln.

Ich meinte, die Sitzung werde durch die Tatsache beeinflußt, daß er sich entschieden hatte, weiterhin zu sitzen. Ich deutete, er wolle mich weiterhin in Verlegenheit bringen und er sehe das als Protest, den er vielleicht mit den Studenten in seinem Traum in Verbindung brachte. Vielleicht nahmen sie an einem Sit-In teil, wie die Studenten auf dem Tienanmen-Platz. Er war sich da nicht sicher, aber bezog sich auf meine gestrige Deutung, er fühle sich gedemütigt, weil er liegen und sich von mir anschauen lassen müsse; er meinte, die Deutung sei richtig. Ich brachte seine Angst in Verbindung mit der gewaltsamen Weise, wie der Pekinger Studentenprotest von den Behörden unterdrückt worden war, und mit seinem Zorn auf seinen Vater, der die Situation für so gefährlich hielt. Ich dachte, er war teilweise mit den Protestierenden identifiziert, die zum Opfer von Gewalt wurden, aber er hatte auch Angst, wenn der Protest zum Terrorismus wurde. Er war besorgt, ob er seine Angriffe auf mich in erlaubten Grenzen und kontrolliert würde halten können.

Er erzählte mir dann einen anderen Teil des Traums:

> Er kam aus der New Yorker U-Bahn heraus. Er sah einen Polizisten im Fahrkartenkiosk und dachte voller Ärger, die Polizei sollte Verbrechen verhüten, statt Fahrkarten zu verkaufen.

Ich sagte, er habe den Eindruck, daß sich die Situation in New York nach den Terroranschlägen verändert hatte, und das führe dazu, daß er protestieren wolle, aber auch Angst habe. Er war vor mir auf der Hut und dachte, er habe mich verwirrt, deswegen war er so wachsam. Warum war es so wichtig, nach Peking zu gehen und deswegen gegen seinen Vater zu protestieren? Warum saß er weiterhin und beobachtete mich? Ich dachte, er wollte protestieren, hatte aber gleichzeitig Angst davor, auch Angst, daß seine Grausamkeit offenbar werde. Vielleicht wollte er, daß ich wie der Polizist meine Arbeit machte und ihn daran hinderte, sich hinzusetzen und mich auf grausame Weise zu demütigen.

Er sagte, er habe ein Werbeplakat gesehen, als er aus der U-Bahn kam, auf dem ein Mann auf einen Abfallbehälter zeigte und sagte: »*Bin here, tried that.*«[1] Ich dachte, dies bestätige, daß er damit beschäftigt war, wie die Terroranschläge und das folgende Bombardement in Afghanistan die Nachrichten beherrschten und in seine Träume eindrangen, und ich sagte, er habe meiner Ansicht nach bemerkt, daß nach dem 11. September das Wort »Bin« völlig neue Assoziationen wachrufe. Er wurde ärgerlich und sagte, darauf habe er in seinem Traum nicht reagiert. Ihn habe die Schreibweise aufgeregt, die eigentlich »*been here*« hätte lauten müssen. Als er mir das erzählte, fiel ihm eine peinliche Situation aus der Schulzeit ein, als er noch ziemlich klein war und das Wort »*of*« nicht buchstabieren konnte. Er dachte, man schreibe es vielleicht »*uv*«. Er fragte den Lehrer, wie man es schreibe, und wurde vor den anderen Kindern ausgelacht. Ich dachte, er erinnerte sich, wie demütigend es war, vor der Klasse bloßgestellt zu werden, und wollte, daß ich verstand, wie schwer es war, dazuliegen und Analyse zu machen. Es war besonders schwierig, wenn er sich anders fühlte als die anderen Studenten, und das war vielleicht der Fall gewesen, als er das Gefühl hatte, daß sich seine Familie nach dem Unfall so anders verhielt.

Als weitere Assoziation zum Traum sagte er, die Namen auf den T-Shirts der Studenten hätten ihn neugierig gemacht, besonders der Name »Michelson«, den er zuerst nicht erkannt hatte. Er denke jetzt, daß dies der Name eines reichen Industriellen sei, der ertrunken war und Geld für mehrere Wohnheime hinterlassen habe; in einem von ihnen hatte er in Harvard gewohnt.

Aufgrund dieser Assoziationen dachte ich, daß durch die Vorfälle in New York einige Gefühle im Zusammenhang mit dem Verlust seiner Mutter wiederbelebt wurden und ihm den Eindruck vermittelten, anders zu sein als die anderen, empfindsamer und emotional betroffener, so daß er auf die Terroranschläge auf

---

[1] Unübersetzbares Wortspiel mit »*bin*« (Behälter) und »*been*« (gewesen): Entweder »Hier Abfalleimer, habe das ausprobiert« oder »War hier, habe das ausprobiert« (Anm. d. Ü.).

persönlichere und verwundbarere Weise reagierte. Diese Vorfälle genauer anzuschauen war schmerzhaft, aber auch auf eine sehr persönliche Weise demütigend. Als erste Reaktion hatte er die Verbindung zwischen »*Bin here*« und Bin Laden ausgelöscht und sich nur über die falsche Schreibweise aufgeregt. Als ich ihn darauf aufmerksam machte, war seine Verlegenheit ähnlich wie damals, als ihn der Lehrer vor der Klasse lächerlich machte, weil er die richtige Schreibweise nicht wußte. Etwas nicht zu wissen, führte bei ihm zu dem Gefühl, klein und verlegen zu sein.

Diskussion

Aus der Vorgeschichte des Patienten hatte ich schon einige Hinweise erhalten, daß er auf Gefühle von Peinlichkeit sehr empfindlich reagierte und der Meinung war, die Heimlichtuerei seiner Familie gründe in den tiefgreifenden Auswirkungen des Todes seiner Mutter, über den er anscheinend wenig hatte herausfinden können. In den Sitzungen schien mir diese Verlegenheit das Gefühl auszudrücken, klein, verwirrt und nicht recht informiert zu sein und so die Geschehnisse ringsum nicht richtig verstehen zu können. Hoffte er bewußt, die Analyse werde ihm helfen, sich und seine Geschichte besser zu verstehen, so fürchtete er doch heftig, als klein und verwirrt gesehen zu werden, und dies schien die Sitzungen extrem unbehaglich zu machen. Er ging damit um, indem er eine fröhliche und saloppe Haltung einnahm, Witze machte und versuchte, mich in freundliche Neckereien zu verwickeln. Als er herausfand, daß ich nicht gewillt war, bei dieser Art von spielerischem Umgang mitzumachen, fühlte er sich verletzt, und es brauchte einige Zeit, bis er dies überwunden hatte. Ich sah, wie er versuchte, mit der Erfahrung des Beobachtetwerdens klarzukommen, die das Thema der ersten dargestellten Vignette war.

[81]

Bei diesem Material konzentrierte ich mich auf den Traum, in dem er seine Scheu bei der Annäherung an Frauen und seinen Schmerz, so oft zurückgewiesen worden zu sein, zu überwinden schien, indem er annahm, ich würde seine Partei ergreifen und jemand anderen zum Demütigen finden, in diesem Fall die Frau im Traum. Doch trotz seines anfänglichen forcierten Muts war dieses Manöver nicht erfolgreich, nicht einmal im Traum, in dem sein Erfolg bei der Frau verpuffte und die Anwesenheit des Chinesen, der ihn wegen seiner Nacktheit auslachte, anzuzeigen schien, daß er sich seiner eigenen Verlegenheit bewußt war. Er ging damit um, indem er ihn ignorierte und einfach weitermachte, aber er assoziierte dazu seine Chinareise und die Art, wie er sich verhalten hatte, als er beim Defäzieren ertappt wurde. Damit schien er einerseits seine Verlegenheit anzuerkennen, wenn er sich klein und unfähig zur Kontrolle seines Schließmuskels fühlte, andererseits zeigte sich, daß er die Situation bewältigte, indem er die chinesischen Passanten als Ausländer ansah. Dieser Bewältigungsversuch wiederum war ihm peinlich, weil er nahelegte, daß er Ausländer als minderwertig behandelte, was seiner Einstellung sehr widersprach.

In der Interaktion mit mir während der Sitzung war es schwer zu entscheiden, welches Element in der Übertragung an erster Stelle stand. Sicherlich versuchte er mich in eine Kollusion hineinzuziehen, bei der wir beide die Beobachter einer abgewerteten Frau waren, aber ich hatte auch den Eindruck, daß er sich seiner eigenen Gefühle, klein und peinlich berührt zu sein, bewußt war. Es war einfacher, seine Verlegenheit zu interpretieren und ihn als Opfer zu sehen, als die Art, wie er mit mir umging, und die Tatsache aufzugreifen, daß die schmutzige Sprache mich beschmutzen und zu dem machen sollte, der gedemütigt wurde.

In den folgenden Sitzungen, als er mich mit seinem Sich-Hinsetzen überraschte, wurde dieses Thema weiter entfaltet. Diesmal war ich ihm ausgesetzt, wie ich mitten in meinem Durcheinander von Büchern und Papieren rund um meinen Sessel saß. Er konnte zugeben, daß er es genoß, zu sitzen und mich zu beobachten, und ich denke, eine Zeitlang war ich in der Lage zu deuten, daß er triumphierte, weil er mich ertappt und schockiert hatte, indem er die Rollen verkehrte und auf eine Art in meine Privatsphäre eindrang, die mir Unbehagen bereiten, mich aber auch uneffektiv und nutzlos machen sollte.

Man kann verschiedene Motive für sein Verhalten erkennen, aber es ist ziemlich schwierig, sowohl seine Erfahrung als Opfer einer grausamen Demütigung zu deuten wie auch seine eigene Grausamkeit und Lust, mich zu demütigen. Triumph und Rache für die Schmach, die ich ihm zugefügt hatte, waren leicht auszumachen, aber sie schwächten sich schnell ab, sobald er anfing, sich selbst unbehaglich zu fühlen. Ich denke, er wollte mir mitteilen, wie es sich anfühlte, zu einer Analyse zu kommen, in der er auf so schmerzhafte Weise beobachtet wurde. Obwohl ich erkannte, daß das flache Liegen all die schmerzlichen Demütigungen repräsentieren kann, denen er sich ausgesetzt fühlte, hatte ich nicht richtig verstanden, wie sehr er das Gefühl hatte, daß ich auf ihn herabschaute und ihn wegen seiner Eigenart sogar verspottete. Diese Einsicht schockierte mich in der Tat und half mir vielleicht, gegenüber seiner Erfahrung feinfühliger zu werden.

Das Thema des Beobachtens und Beobachtetwerdens tauchte wieder auf, als er erzählte, daß sein Vater aus der Klinik nach Hause kam, aber weiterhin unter Beobachtung stand. Es schien eine Art Hin und Her zu geben, in dem er seinen Vater auf eindringliche Weise beobachtete, was diesen dazu brachte, ihm Fragen zu stellen; er selbst ging dann wiederum mit seiner Verlegenheit wegen der Aufdringlichkeit des Vaters so um, daß er sein Experiment mit dem Hinsetzen beschrieb. Ich hatte den Eindruck, daß sein Vater von diesem Experiment, sich gegen Autorität zur Wehr zu setzen, nicht genügend beeindruckt war und daß dies der Grund war, weshalb ihm sein alter Groll wegen der Peking-Reise wieder einfiel. Seine Befragung des Vaters über diesen zehn Jahre zurückliegenden Anlaß zur Klage schien ihm dabei zu helfen, seine Angst um die Gesundheit des Vaters loszuwerden und zugleich zu prüfen, ob der Vater stark genug war, der ängstlichen Besorgnis eines Sohns zu widerstehen, der rebellieren und sein eigenes Leben führen wollte.

Indem er sich hinsetzte, stellte er mich unter Beobachtung; sein Wunsch nach Auflehnung wurde dadurch ebenso mitgeteilt wie die Aufregung und Unruhe, in die er meinetwegen geriet. Ich fragte mich, ob der Patient die Beunruhigung seines Vaters wegen einer möglichen Gefährdung seines Sohns in Peking als Ergebnis des Verlusts seiner Mutter erlebte und ob er das Gefühl hatte, daß ich wie seine Eltern nur behauptete, mir Sorgen um ihn zu machen, während ich mich hauptsächlich selbst schützte. Unterdrücken Väter und Analytiker den Aufstand auf dieselbe skrupellose Weise, wie es die chinesischen Machthaber auf dem Tienanmen-Platz taten, weil sie ihre eigene Autorität schützen müssen? Als ich seine Befürchtung, aufdringlich zu sein, deutete, kam er auf die Bemerkungen zu sprechen, die Alicia gemacht hatte, als sie ihm vorwarf, er zeige durch das Öffnen seiner Knie seine Genitalien und dränge sie in die Ecke. Wieder fand ich die Situation zweideutig, aber es war für ihn an diesem Punkt nicht möglich, anzuerkennen, daß er mich demütigen und sadistisch festnageln wollte. Es war für uns beide leichter, dies als weiteres Beispiel für seine Demütigung durch mich anzusehen, ähnlich wie er von den Frauen gedemütigt wurde, zu denen er eine Beziehung aufbauen wollte.

In der letzten Sitzung erzählte er einen Traum, in dem meiner Meinung nach Studenten, die auf dem Rasen eines Campus saßen, eine weitere Anspielung auf Studentenprotest darstellten; der Protest war jedoch gefärbt durch die besondere Stellung, welche die Nachwirkungen des Terroranschlags in den Nachrichten und auch in seinen Gedanken einnahmen. Ich dachte, daß er in dieser Situation sehr unsicher war, auf welcher Seite er stand; er konnte sich mit den zum Widerstand bereiten Studenten identifizieren, aber nur, wenn gegen sie Gewalt ausgeübt wurde, nicht, wenn sie selbst Gewalt ausübten. Er sympathisierte oft mit den Schwächeren, aber es fiel ihm schwer, seine eigene Gewalt und Grausamkeit zu sehen.

Der Polizist im Fahrscheinhäuschen der U-Bahn sollte nur unter dem Gesichtspunkt der zusätzlichen Sicherheitsmaßnahmen in New York gesehen werden. Aber ich denke, er war ärgerlich, weil er das Gefühl hatte, ich sei zu tolerant und eher daran interessiert, Fahrkarten einzusammeln als eine Seite seiner selbst zu überwachen, die mich terrorisierte und mich wirkungs- und hilflos machte. Als ich meinte, daß sich seit dem 11. September alles geändert habe und man nicht mehr »*Bin here*« sagen könne, ohne eine Verbindung zu Bin Laden herzustellen, protestierte er und sagte, daß es ihm nur um die Rechtschreibung ging. Dies wiederum führte zu der unangenehmen Erinnerung, wie er wegen seiner Rechtschreibfrage vor der ganzen Klasse verspottet worden war, aber es schützte ihn auch davor, als Terrorist identifiziert zu werden.

Bewegungen zwischen der paranoid-schizoiden und der depressiven Position

Bei diesem Patienten spielten Bilder einer gewaltsamen und mächtigen Autorität eine große Rolle. Sie legten nahe, daß Verfolgungs- und Strafängste von großer Bedeutung waren. Diese Ängste stehen in Einklang mit Freuds Betonung der Kastrationsängste als Mittel zur Lösung der ödipalen Situation. Man kann dies als einen paranoid-schizoiden Ausgang des ödipalen Konflikts ansehen, in dem das Kind Furcht vor der Macht des Vaters entwickelt und infolgedessen seine inzestuösen Wünsche aufgibt.

Ein solcher Ausgang gründet sich auf die Identifizierung mit einem eigentlich schwachen Vater, der darauf angewiesen ist, seinen Sohn mit einer narzißtischen Machtausübung und Unbarmherzigkeit zu bedrohen. Diese Mechanismen führen nicht zu Entwicklung, und aufgrund der Identifizierung wird der Sohn erwachsen und behandelt seinen eigenen Sohn auf die gleiche Weise, wie er von seinem Vater behandelt wurde.

Aber dies ist nicht die einzige Art, wie der ödipale Konflikt aufgelöst werden kann; manchmal kann man einen depressiven Ausgang beobachten, der mit der Phantasie verknüpft ist, daß das Kind den Elternteil besiegt und sich deshalb Erfahrungen von Verlust, Schuld und Reue aussetzen muß. Trauerprozesse werden in Gang gebracht, und derartige Erfahrungen können Bewegungen in Richtung auf die depressive Position einleiten. Sich der Schuld zu stellen, kann den Wunsch nach Wiedergutmachung auslösen, und diese Wiedergutmachungsbewegungen sind entwicklungsfördernd. Die depressive Lösung kann nur fortgesetzt werden, wenn die Schuld ertragen werden kann. Andernfalls sehen wir oft eine Rückkehr zur paranoid-schizoiden Organisation.

Bei dem vorgestellten Patienten schien es mir jedoch so, daß nicht Schuld, sondern Demütigung das Problem war, dem er sich gegenübersah, wenn er seinen psychischen Rückzugsort verließ. Phasenweise schienen paranoid-schizoide Ängste nachzulassen, was Kontakt mit der Realität ermöglichte, aber jeder Kontakt mit Schuld oder mit Erfahrungen, die der depressiven Position angehören, war von kurzer Dauer und wurde schnell wieder vermieden. Anstelle von Schuld nahmen Demütigung, Scham und peinliche Verlegenheit einen wichtigen Platz ein; sie bewirkten ein dringendes Bedürfnis nach Entlastung und daher eine Rückkehr in den Schutz des psychischen Rückzugs. Deswegen konnte die depressive Position nicht weiter durchgearbeitet werden. Dazu ist ein ausgiebiger Kontakt mit depressiven Gefühlen nötig, während Demütigung eine schnelle Entlastung erfordert.

Wegen der Verbindung von Liebe und Haß führt die Beziehung zum Primärobjekt unvermeidlich zu Schuld, aber in diesen Situationen scheint die Gefahr des Beobachtetwerdens jede bedeutsame Erfahrung von Schuld unmöglich zu machen. Wenn Scham zu sehr im Vordergrund steht, beeinträchtigt sie die Erfahrung von Schuld und verhindert so ein Durcharbeiten der depressiven Position. Gewinnen Demütigung, Scham und peinliche Verlegenheit zu große Bedeutung, kann die Erfahrung des Heraustretens aus dem Schutz nicht ertragen werden, und wir sehen ein Muster, bei dem dieses Heraustreten immer wieder versucht, der Versuch aber nicht durchgehalten wird. Auf der behandlungstechnischen Ebene stellt sich für die Analyse das Problem, einen Weg zu finden, wie dem Patienten dabei geholfen werden kann, diese Erfahrungen zu ertragen, so daß ein Übergang von Scham zu Schuld möglich wird. Es scheint mir, daß dies oft eine sehr schwierige Aufgabe ist und daß wir besser verstehen müssen, wie diese Erfahrungen zugelassen werden und welche wichtige Rolle der Analytiker bei ihrer Entstehung spielt. Es scheint einfacher, zu deuten, wie sich der Patient gedemütigt erlebt, als ihm dabei zu helfen, anzuerkennen, wie sehr sein eigener Blick den Analytiker demütigen und seine Fähigkeiten kontrollieren und angreifen soll. Solange dies nicht auch gesehen werden kann, hilft man dem Patienten nicht, aus seinem Rückzugsort herauszukommen. Eine Kollusion hindert ihn daran, seinen Sadismus als etwas anzusehen, wofür er sich schämen und was er dennoch überleben kann. Möglicherweise kann sich ein tiefergehendes Verständnis dieser Prozesse als Ergebnis einer Deutungsarbeit entwickeln, die schließlich einen Wechsel von Scham zur Erfahrung von Schuld erlaubt; aber das Hauptproblem scheint sich darum zu drehen, wie wir Demütigung deuten können, ohne den Patienten genau derjenigen Erfahrung auszusetzen, die wir verstehen wollen.

Aus dem Englischen von Peter Vorbach

[KAPITEL 4]

Ein Patient mit Visionen

In diesem Kapitel werde ich meine Schwierigkeiten mit einem Patienten untersuchen, der in mir als Analytiker intensive Selbstzweifel verbunden mit einem Gefühl hervorrief, unfähig und von jenen Bereichen des Wissens und Verständnisses abgeschnitten zu sein, die mir Stärke und Zuversicht geben könnten. Sogar die Frage nach der Diagnose machte mich ängstlich, schuldbewußt und unsicher. Er erschien mir von psychotischen Mechanismen beherrscht zu sein, welche ein auf seine Visionen zentriertes, wahnhaftes System beinhalteten, das ihm innere Überlegenheit verlieh und ihm ermöglichte, seinen ganz offensichtlichen Zustand von Selbstvernachlässigung und Heruntergekommensein zu verleugnen. Offenkundig hatte er ein System omnipotenter Phantasien entwickelt, das er selbst als Mittel beschrieb, einer ihm unerträglichen »weltlichen [mundane] Wirklichkeit« zu entrinnen. Zugleich schien jedoch das Wissen über Natur und Funktion omnipotenter Phantasien, wie es dem Werk von Segal, Bion, Rosenfeld und anderen Autoren zu entnehmen ist, keine konkrete Hilfe für mein klinisches Problem mit dem Patienten zu bieten und erzeugte in mir sogar das Gefühl, es sei irgendwie unpassend, auf solche theoretischen Quellen des Verständnisses zurückzugreifen. Sogar mein eigenes Konzept seelischer Rückzugszustände, für welches das System des Patienten ein Beispiel wie aus dem Lehrbuch schien, war anscheinend nicht dienlich.

Segal und Bion haben Freuds Gedanken zum Lust- und Realitätsprinzip weiterentwickelt. Ihrer Auffassung nach wird immer dann auf omnipotente Phantasien zurückgegriffen, wenn der Konflikt zwischen einer Annahme der Realität und dem Haß auf sie unerträglich wird. Segal ordnet einen Großteil dieses Konfliktes der Wirklichkeit von Bedürfnissen zu. Dies schien überaus relevant, denn der Patient beschrieb, wie er es aufgegeben hatte, irgend etwas zu wollen, weil er sein Leben als eine entsetzliche Erfahrung betrachtete, die er bis zu seinem unvermeidlichen und nicht allzu fernen Tod, wahrscheinlich durch Selbstmord, durchzumachen hatte. Die Leblosigkeit seiner Beschreibungen, seine starke Negativität und fast todesähnliche Unbeweglichkeit, all dies schien auf eine Psyche hinzudeuten, die vom Todestrieb beherrscht war. Seine geistige Verarmung ließ sich als Ausdruck destruktiver Angriffe auf seine Objekte und sein wahrnehmendes Selbst verstehen. Der Bereich seiner Visionen konnte als ein über den Defekten seiner Psyche aufgesetzter Fleck aufgefaßt werden, wie Freud es beschrieb und wie ich es selbst in einer früheren Arbeit als hilfreich empfand, in der ich Überlegungen zu einer psychotischen Form von pathologischer Persönlichkeitsorganisation angestellt habe.[2]

Dieser besondere Patient erzeugte in mir das Gefühl, daß solche Formulierungen nicht nur nutzlos, sondern irgendwie unpassend waren. Er verfügte über eine machtvolle Fähigkeit, mich zu überzeugen, daß er – in seinem landstreicherartigen Äußeren versteckt – ein überlegenes Selbst besaß. Überlegen nicht nur in intellektueller, sondern auch in moralischer Hinsicht, was seine Hingabe an die Wahrheit und die von ihm zur Schau gestellte Verachtung für eine falsche, auf persönlicher Gier und Unredlichkeit beruhende Anpassung betraf. Selten war ich frei von dem Gefühl,

---

[2] Vgl. Steiner, Orte des seelischen Rückzugs (Kap. 6), wo dieser Gedanke ausführlich dargestellt wird (Anm. d. Ü.).

daß seine Eltern, von denen er völlig abhängig war, mich kritisch beobachteten, mir jederzeit die Unterstützung entziehen und mich beschuldigen konnten, bei meiner Hilfestellung versagt oder seinen Zustand sogar verschlechtert zu haben. Die Tatsache, daß er meist stark nach Alkohol roch, wenn er zu seiner Stunde kam, war ein wichtiger Umstand, da seine Eltern über sein Trinken sehr beunruhigt waren. Jegliche Erwähnung von Alkohol wurde jedoch nicht nur mit Verachtung, sondern als moralisch korrupt behandelt. Denn sie beinhaltete, daß ich nur um meinen Ruf als erfolgreicher Analytiker besorgt und seinen Bedürfnissen gegenüber gleichgültig war. Sein Bedürfnis nach Alkohol war Teil der weltlichen Wirklichkeit, mit der seine Eltern befaßt waren, und hatte nichts mit dem zu tun, was ihn interessierte und was auf einer höheren Ebene angesiedelt war. Hinter der von ihm betonten Demut war seine Überlegenheit manchmal nur schwer zu erkennen.

Die Fähigkeit, mich zu überzeugen, daß er in den Bereichen, in denen ich stark unter seiner Kontrolle stand, richtig lag, wurde von der Verschlechterung der Atmosphäre in den Stunden unterstützt, die sich immer dann einstellte, wenn ich versuchte, sie im Sinne der oben geschilderten, zugrunde liegenden Mechanismen anzugehen. Es war durchaus nicht so, daß er mir drohte und in mir Angst hervorrief. Vielmehr schien ich seine Ansicht zu teilen, daß die Quellen meiner Stärke, d. h. mein theoriegeleitetes und auf meiner klinischen Erfahrung beruhendes Verständnis, für mich nicht zugänglich waren. Eine Konstellation meiner inneren Eltern schien die Möglichkeit von Verständnis anzubieten und den Patienten zu einer Auseinandersetzung damit anzuregen, aber eine andere Konstellation überzeugte mich, daß solches Verstehen unecht war und ich mich panisch Theorien zuwandte, um eigenen katastrophalen Ängsten auszuweichen. Ich fühlte, daß mir innerlich etwas fehlte, und fragte mich schließlich, ob meine Verfassung mit etwas in Beziehung stand, das der Patient jetzt oder in der Vergangenheit erlebt haben konnte. Es war, als ob meine psychische Realität in Trümmern lag und ich mich an falsche Konstrukte hielt.

Klinische Anamnese

Der Patient begann die Analyse vor beinahe 4 Jahren im Alter von 37 Jahren, nachdem Psychiater verschiedene Versuche unternommen hatten, seinen Alkoholismus und seine Depression zu behandeln. Er hatte seit mehreren Jahren nicht mehr gearbeitet und war kurz vorher von einer beschützten Gemeinschaft in ein Heim für psychiatrische Patienten übergewechselt. Ungefähr ein Jahr nach Beginn seiner Analyse beschrieb er einen von ihm so genannten paranoiden Zusammenbruch im Alter von elf Jahren. In der Folgezeit hatte er ein System von Visionen entwickelt, das mit 15 Jahren voll ausgebildet war und von ihm benutzt wurde, um sich vor der Wirklichkeit zu schützen und ein Wiederauftreten der Verfolgungsangst zu vermeiden. Diese Visionen wurden für ihn zur Wirklichkeit und erlaubten ihm, das zu ignorieren, was er gewöhnlich die »weltliche Realität des gewöhnlichen Lebens« nannte. Letzterer mußte er sich unterwerfen, und er konnte dies tun, weil sich die für ihn wichtigen Dinge im Bereich der Visionen abspielten.

Der paranoide Zusammenbruch war schwer aufzuklären. Er schien mit Verrat verknüpft gewesen zu sein. Er war mit einem Jungen befreundet, der ein toller Kerl war. Kurz vor den Ferien ließ ihn der Junge wegen eines anderen fallen. Obwohl er gekränkt war, konnte er mit dieser Zurückweisung fertigwerden. Bei seiner Rückkehr zur Schule stellte er jedoch fest, daß sich der Junge so benahm, als wäre nichts geschehen. Gerade dies machte ihn verrückt. Ganz anders wäre es gewesen, wenn der Junge das Geschehene anerkannt hätte, sich entschuldigt oder auch seine Zurückweisung fortgesetzt hätte. Mit der Unterstellung aber, es sei nichts geschehen, wurde seine subjektive Erfahrung und damit seine psychische Realität verleugnet. Dies empfand er als Katastrophe. Eine nicht näher bestimmte Überzeugung, die Leute seien gegen ihn, bezog sich zunächst auf Personen an der Schule und breitete sich von da an auf die ganze Welt, einschließlich seiner Eltern, aus. Er war sehr verängstigt und beschrieb den Zusammenbruch als äußerst belastend, weil der Gedanke, daß jedermann gegen ihn sei, ihn Tag und Nacht nicht losließ. Seine Eltern taten dies seiner Meinung nach als kindisch ab. So erhielt er keine Hilfe, und man betrachtete ihn einfach als etwas komisch.

Hinsichtlich der Einzelheiten seiner Visionen ist der Patient zurückhaltend und zieht es vor, bei ihren Zielen zu verweilen und sie mit der »transzendenten Welt«, mit visionären Dichtern, insbesondere mit Wordsworth und zu seiner Beziehung zu »anderen Wirklichkeiten« in Verbindung zu bringen. Er beschrieb seine Visionen als »architektonisch«. Sie beinhalteten Gebäude, die er im Geiste entwarf und konstruierte. Anfangs waren sie barock und phantastisch, aber zunehmend entwickelten sie sich hin zu eher klassischen Formen und beruhten mehr auf Wirklichkeit. Die Gebäude enthielten alles, was er brauchte, und machten ihn von der äußeren Welt unabhängig. Diesbezüglich erwähnte er Ställe und ein Zollhaus, welche den Eindruck von Bildern wie aus einem früheren Jahrhundert vermittelten. Es gab auch eine Kirche, von der aus er einen Blick auf eine Landschaftsansicht im Stile der Malerei Corots hatte. Häufig äußerte er ein Mißfallen an seinen Visionen und deutete an, daß er sie für moralisch falsch hielt und daß sie abgebaut werden sollten, weil sie ihn vor der Wirklichkeit schützten. Andererseits äußerte er aber auch die Vorstellung, daß sie allein ihn vom Selbstmord abhielten. All seine kreative Lebendigkeit steckte in ihnen. Oft glaubte er, ich sei seinen Visionen gegenüber feindselig eingestellt und betrachte sie als Ausdruck seiner Verrücktheit, was er leidenschaftlich abstritt. Dabei war es für ihn überaus wichtig, die Kontrolle zu behalten.

Er wollte, daß ich verstand, daß die Visionen seine Schöpfungen waren und nicht etwas, das ihn heimsuchte. Er erklärte, er *wäre* verrückt, wenn er ganz und gar an seine Visionen glaubte. Ebenso hatte er Angst, seine Allmacht könnte außer Kontrolle geraten, und er sagte mir, er wolle »den Glauben aufgeben [abdicate], der Mittelpunkt des Universums zu sein«. Er fürchtete die wirkliche [mundane] Welt, und gleichzeitig verachtete er sie. In ihr war es nicht möglich, Gerechtigkeit zu finden. Seine Visionen erschuf er als einen Versuch, sie zu vervollständigen. Manchmal beschrieb er, wie er die ganze Nacht über versuchte, wach zu bleiben in dem Versuch, seine Visionen wirklicher zu machen. Dies nannte er »auf Öl stoßen«.

Nachdem er seine Visionen einmal erwähnt hatte, sprach er fast in jeder Stunde über sie. Stets setzte er sie in Beziehung zu seinem Zusammenbruch im Alter von elf Jahren, den er als einschneidendes Ereignis in seinem Leben ansah. Er zog aber auch in Betracht, daß bereits lange vorher etwas grundsätzlich falsch gelaufen war, und erinnerte sich daran, wie er im Alter von vier oder fünf Jahren aufgehört hatte, im Leben irgendeinen Sinn zu finden. Zuvor hatte er in gewöhnlichen Gegenständen wie einem Blatt oder einem Stein nach Sinn gesucht. Er verknüpfte diesen Lebensabschnitt auch mit der erstmalig auftauchenden Erkenntnis, daß seine Mutter auf ihn ärgerlich werden konnte, was ihn zu dem Gedanken führte: »Dies ist der Anfang vom Ende!« Er erinnerte sich an den tatsächlichen Anlaß, als er »zur Türe hinausgestoßen wurde, um für mich selbst zu sorgen«. Er sagte: »Als ich hinausgestoßen wurde, hätte ich denken können, ›sie ist eine böse Frau‹, aber ich dachte nur, ›dieser Tag wird die Hölle sein‹.« Er hatte eine frühe Erinnerung: Im Alter von ungefähr drei Jahren ließ seine Mutter den Griff seines Kinderwagens los und dachte, er würde an dieser Erfahrung Spaß haben. Er war jedoch entsetzt und hatte nicht das Gefühl, daß seine Eltern seine Trennungsangst wahrnahmen. Er bezichtigt sie keiner böser Absichten, sondern klagt sie lediglich an, seine subjektive Erfahrung nicht anzuerkennen.

Er war fünf Jahre alt, als seine Schwester geboren wurde, verbindet mit ihrer Ankunft jedoch keines dieser frühen Gefühle von Ausgestoßensein. Die Schwester lehnte sich, als sie heranwuchs, offener gegen die Eltern auf, heiratete schließlich einen Mann, den diese mißbilligten, und ging nach Amerika. Die Eltern besuchen sie in regelmäßigen Abständen und versuchen, die Dinge in Ordnung zu bringen. Er aber hat das Gefühl, sie seien unversöhnlich. Manchmal setzt er sich bewußt in Gegensatz zur Schwester und spricht dann voller Furcht von der Vorstellung, mit seinen Eltern zu brechen.

Verhalten in der Analyse

Der Patient versäumt keine Sitzung und erscheint oft eine Stunde zu früh oder sogar noch früher, um sicherzugehen, daß er nicht zu spät kommt. Von seltenen Ausnahmen abgesehen, wirkt er wie ein Landstreicher, schmutzig und heruntergekommen, riecht nach Tabak und Alkohol, was er gelegentlich durch die reichliche Einnahme von Hustenbonbons zu verbergen sucht. In der Regel sieht er elend und krank aus, wenn ich ihn im Wartezimmer treffe. Manchmal begrüßt er mich aber mit einem kindlichen Lächeln, als wäre er erleichtert, mich zu sehen. Zumeist betritt er den Raum sehr vorsichtig, macht einen mitgenommenen und eingeschüchterten Eindruck, dreht sich um und schiebt sich auf leidende Art rückwärts zur Couch. Fast immer entsteht ein Schweigen von beträchtlicher Länge, was gelegentlich fast über die ganze Stunde andauert. Oft spricht er von einem schrecklichen Kampf zwischen dem Wunsch, bei mir Verständnis zu erwecken, und einem Widerwillen, irgend jemandem von seiner persönlichen Welt zu erzählen. Wenn er spricht, so tut er dies oft in allgemeinen Begriffen über seinen gequälten Zustand, über das Ziel seiner Visionen und die Frage, ob diese abgebaut oder beibehalten werden sollten. Manchmal hat er das Gefühl, er habe mir in einer vorausgegangenen Stunde zu viel gesagt. Dann wieder beschreibt er einfach, wie leer und tot er sich fühlt.

Gewöhnlich liegt er völlig unbeweglich da, wobei sich seine Hände auf dem Brustkorb berühren. Ich deutete ihm, daß er den Anschein eines Bildnisses aus Stein mache, als ob er gegenüber äußeren Ereignissen unempfindlich wäre. Niemals beklagt er sich über einen materiellen Verlust. Vielmehr versucht er, diesen stoisch zu akzeptieren. Gleichzeitig macht er deutlich, daß er in Wahrheit außerordentlich empfindlich und auf tief schmerzende Weise leicht verletzbar ist. So fragte er beispielsweise einmal, ob es in Ordnung sei, wenn er eine Stunde ausfallen ließe, um einen Termin im Krankenhaus wahrzunehmen. Als ich dies deutete, anstatt ihn zu beruhigen, wurde er sehr ängstlich und aufgebracht und sagte mir, ich hätte ihm ungeheures Leiden verursacht, weil ich mich weigerte, ihn zu beruhigen. Offenbar erzählte er seinen Eltern am Wochenende von meinem Verhalten und berichtete, daß seine Mutter sagte: »Er sollte entfernt und erschossen werden.«

Übertragungsdeutungen werden mit einem milden Gefühl von Ungläubigkeit toleriert, während der Patient gleichzeitig immer wieder betont, wie wichtig die Analyse für ihn sei, und daß er mir mehr als irgendeinem anderen Menschen von sich erzählt habe. Insbesondere wird jeder Ausdruck von Ärger oder Haß verleugnet, wobei er versichert, niemanden zu hassen. Er spricht viel über Schuld und Anklage und beharrt darauf, für alles, was falsch läuft, verantwortlich zu sein. Wenn ich ihn zum Beispiel nicht richtig verstehe, dann besteht er darauf, er hätte mir mehr erzählen sollen. Andererseits ist er auch sehr besorgt, ich könnte ihn ablehnen, und verteidigt sich oft leidenschaftlich, indem er zum Beispiel betont, er tue doch sein Bestes. Wochenenden und Ferien empfindet er als harte Prüfung, betrachtet sie aber als etwas, durch das er irgendwie hindurchkommen müsse. Jegliche Neugier im Hinblick auf meine Person wird geleugnet. Denn da ich keine Fragen nach meinem Privatleben beantworte, müsse dies verboten sein.

Häufig ist die Atmosphäre von einem schrecklichen Pessimismus und von Verzweiflung geprägt. Er gibt zu, sich lebensmüde zu fühlen, und hat tatsächlich geäußert, seine Absicht sei es letztlich, sich umzubringen. Die Analyse wird hierbei mehr als ein zeitlicher Aufschub erlebt denn als Möglichkeit, irgend etwas in ihm verändern zu können. Deute ich, er habe das Gefühl, sein Selbstmord würde bei mir eine Wirkung auslösen, und sage ich ihm, daß ich durch seine Negativität alarmiert und schockiert sei, so versucht er mich auf ziemlich ironische Art zu beruhigen, indem er sagt, er spreche mich von jeglicher Schuld und Verantwortung frei und werde seinem Selbstmord eine Notiz hinzufügen, aus der hervorgehe, daß »Dr. Steiner in keiner Weise für meinen Tod verantwortlich ist«.

Manchmal scheint es, als könnte er nur über äußere Geschehnisse, die ihm widerfahren, mit mir kommunizieren – insbesondere wenn es sich um gewalttätige oder verstörende Ereignisse handelt. Der einzige Weg, auf dem er mir seine gestörte innere Welt zeigen kann, besteht dann oft in einem kurzen Bericht über beunruhigende Ereignisse, an denen üblicherweise Heiminsassen beteiligt sind. Auf einer Ebene testet er damit offenbar meine Haltung gegenüber Verstörung und Verrücktheit. Dabei hat er immer Angst, er sei zuviel für mich, ich könne nicht mit ihm zurechtkommen und die Analyse beenden.

Bei einem dieser gewalttätigen Ereignisse hatte ein Heiminsasse sein Gesicht mit einem Messer geritzt. Obwohl kein äußeres Zeichen einer Wunde zu sehen war, beschäftigte uns dies lange Zeit und führte schließlich zu einer Gerichtsverhandlung, bei der er als Zeuge erscheinen mußte. Einzelne Personen wurden erwähnt und dann für etliche Monate oder sogar Jahre vergessen, um schließlich aus heiterem Himmel wieder aufzutauchen. Oft spricht der Patient in mitfühlender Weise von den Patienten im Heim. Dabei ist es jedoch sein Hauptanliegen, verstörte Patienten zu beruhigen. Er ist besorgt, wenn sie ihre Medikamente nicht einnehmen, weil sie dann zu einer Quelle von Verstörung und Bedrohung werden. Ein Patient hatte sich eine Stricknadel in den Bauch gestochen, »weil er den Ärzten nicht traute«, und ein anderer wurde feindselig, als er ihm helfen wollte. Mein Patient fühlte sich schrecklich schuldig, weil er vermutete, er habe mich nachgeahmt und diesen Patienten analysiert.

Klinisches Material

Aufgrund der langen Schweigephasen ist das Material aus den einzelnen Stunden recht spärlich. Deshalb muß ich mehrere Stunden vorstellen, um die technischen Probleme zu veranschaulichen, die ich diskutieren möchte.

Erste Stunde

Wenn der Patient sprach, stellte er oft Fragen, auf die ein Schweigen folgte, in dem er mich zu einem Kommentar einlud. In den letzten Wochen hatte er gefragt, warum er so schweigsam war, und obwohl ich abwarten wollte, um zu sehen, was auftauchte, formulierte ich schließlich selbst etwas. Dies hinterließ in mir das Gefühl, die Diskussion diene dazu, das Schweigen zu beseitigen, anstatt es zu verstehen. Mein Gefühl von Unzufriedenheit, so denke ich, hatte mit einer Überängstlichkeit zu tun, so als glaubte ich, man könne den Patienten nicht in einem solch zerbrechlichen, desorganisierten Zustand zurücklassen.

In der Stunde, die ich nun vorstelle, wird die Fähigkeit des Patienten, in mir eine überbesorgte Antwort hervorzurufen, durch meine Reaktion auf seine fünfminütige Verspätung verdeutlicht. Dabei handelt es sich um etwas ausgesprochen Ungewöhnliches. Er sah sehr ängstlich aus und roch stark nach Tabak und Alkohol. Wenn er ankommt, geht er regelmäßig zur Toilette, und meine Ängstlichkeit bezüglich seines Zustandes veranlaßte mich zu einem außergewöhnlichen Verhalten, so daß ich ihn fragte, ob er vorher zur Toilette gehen wolle. Er tat es, und als er sich hinlegte, entschuldigte er sich für seine Verspätung und schien sich zu verteidigen, als er sagte, daß er nicht viel zu spät gekommen sei und es der »weltlichen Wirklichkeit« jenseits seiner Kontrolle zuzuschreiben sei. Dann fügte er hinzu: »Es ist leicht gesagt, aber es *sollte* unter meiner Kontrolle sein.« Das übliche, sich anschließende Muster bestand darin, daß er mir nicht erzählte, warum er sich verspätet hatte, aber über meine Reaktion besorgt war und, wie ich dachte, insbesondere darüber, wie ich aus dem, was geschehen war, etwas Sinnvolles machen könnte. Diese Besorgnis hatte etwas Verzweifeltes und veranlaßte mich, Konstrukte zu bilden, die seine Situation erklärten.

In diesem Fall deutete ich, daß er eine strafende Gestalt zu erwarten schien. Wie so oft antwortete er, er sei diesen Umgangsstil gewohnt, und verknüpfte dies mit der strafenden Atmosphäre an den Schulen, die er besucht hatte. Er legte erneut dar, daß in seiner Kindheit sowohl zu Hause wie auch in der Schule ein Klima der Angst geherrscht hatte, obwohl er selbst niemals geschlagen oder schikaniert worden war. Die Frage, die ihn am stärksten beunruhige, sei die, ob man ihm glaube oder nicht.

Über die Gründe für die strafende Atmosphäre entwickelte sich ein bereits vertrauter Austausch, in dessen Verlauf er fragte, warum es für ihn fast einen Weltuntergang bedeute, wenn er einige Minuten zu spät komme. Er äußerte das Gefühl, pünktlich kommen zu müssen, um damit zu zeigen, daß er sich um die

Analyse kümmere. Das Problem bestand darin, daß er sich zu sehr darum kümmerte. Er wisse zwar, daß es nicht seine Schuld ist, wenn ein Güterzug entgleist und quer über beiden Gleisen liegt, trotzdem fühle er sich dafür verantwortlich.

Ich deutete seine Angst dahingehend, daß es zu einer Katastrophe kommen könne, wenn er daran gehindert würde, zur Sitzung zu kommen, weil *er sich dann entgleist fühle.*

Diskussion der ersten Stunde

Wie so oft endete die Stunde in einem Austausch spekulativer Erklärungen. Es war schwierig, sich seiner Angst, zu spät zu kommen, und der übertriebenen Sorge, die dies offenbar in mir auslöste, anzunähern. Seine niedergeschlagene und betretene Verfassung beim Zuspätkommen war für mich zu beunruhigend, um sie schweigend zu ertragen. Die Vorstellung einer Katastrophe schien auf machtvolle Weise gegenwärtig und bewirkte, daß ich eine mögliche Krise vor Augen hatte, die ich zu verhindern hätte. Dies hatte mit meiner anscheinenden Überzeugung zu tun, es wäre schrecklich, wenn er in das Behandlungszimmer käme, ohne Zeit zu haben, vorher zur Toilette zu gehen. Um mir seinen Zustand, so wie ich ihn wahrnahm, zu erklären, konstruierte ich die Idee einer strafenden Atmosphäre als Erklärung für seine offenkundige Furcht vor mir. Die machtvolle Wirkung, die der Patient auf mich ausübte, wurde nicht interpretiert. Seiner Behauptung, daß er Züge nicht am Entgleisen hindern könne, folgte die Feststellung, daß »dies leicht gesagt sei, aber unter meiner Kontrolle stehen sollte«, was ein omnipotentes Denken als Reaktion auf eine bereits eingetretene Katastrophe anzeigt. Meines Erachtens hatte ich Angst vor den Folgen, wenn etwas seine Wünsche behinderte, wie sie hätten eintreten können, wenn er keine Zeit gehabt hätte, zur Toilette zu gehen.

Zum Hintergrund der zweiten Stunde

Die nächste Behandlungssequenz setzt mit der Rückkehr des Patienten nach der Weihnachtsunterbrechung ein und seiner Frage, warum ich solches Aufheben um Unterbrechungen machte. Er äußerte, daß er diese Unterbrechung nicht so problematisch finde. Was er dagegen als schwierig erlebte, war der Umstand, wiederzukommen. Auf verschiedene Weise machte er deutlich, daß er nicht gerne komme und daß sein Widerwille von dem kalten Wetter und dem vereisten Pflaster, das ihn ausgleiten ließ, verstärkt wurde. Nachdem er mir dies erzählt hatte, betonte er nachdrücklich, daß er kommen *wollte*. Er beschrieb, wie er an diesem Morgen nach einer schlaflosen Nacht um 4:00 Uhr aufstehen und sich anziehen mußte, weil er befürchtete, er könnte wieder einschlafen und die Stunde verpassen. Was den Schnee anbelangte, war es ihm offenbar wichtig zu erklären, er würde selbst dann kommen, wenn dieser drei Fuß hoch läge.

Er warf auch die Frage auf, was erlaubt und was verboten sei. Der Umstand, daß ich manchmal so redete, als hätte er einen Freifahrschein zu sagen, was er wolle, verwirrte ihn. Es machte ihn mißtrauisch. Ich erkannte diese Schwierigkeit an, denn es war klar, daß ich in dem, was ich ertragen konnte, Grenzen hatte. Aber ich betonte auch, daß er sich bei anderer Gelegenheit anscheinend so allmächtig fühle, daß er sich benehme, als hätte er tatsächlich einen Freifahrschein, um sich selbst zum Beispiel so schlecht zu behandeln, wie es ihm beliebte.

An einem Freitag bemerkte er, er denke, ich könne ihn kaum ertragen. Am darauffolgenden Montag erklärte er, er habe schrecklich gelitten, als ich darauf nicht mit ja oder nein geantwortet hätte: »Vergesse ich es einfach, oder denke ich den ganzen Tag über jeden Augenblick daran?« Die gleichen Worte hatte er benutzt, um seine paranoiden Gefühle im Alter von 11 Jahren zu beschreiben, die ihn ebenfalls den ganzen Tag über keinen Augenblick verließen. Er stellte meine Behandlung als einen Einschnitt [incision] zu seinem eigenen Wohl dar, nahm aber – als fürchtete er, dies könne als Kritik an mir verstanden werden – auch weiterhin die Verantwortung für seinen Zustand auf sich, indem er sagte, *er* sei verantwortlich für Hunderte von Einschnitten [incisions].

Eine andere Sitzung begann er mit den Worten: »Ich bin mir zwar nicht sicher, aber ich stelle mir vor, Sie glauben, jedermann habe Träume. Und ich habe nur sehr wenige Träume geliefert. Ich weiß nicht, woran das liegt. Ob ich anders bin als andere Menschen?« Als ich deutete, ihm sei bewußt, daß etwas fehle, antwortete er: »Ich kann keine Träume erfinden, die ich nicht habe, aber ich kann Visionen erfinden, die ich habe.« Ich sagte, dies beinhalte offenbar die Vorstellung, daß er die Visionen als Ersatz für die fehlenden Träume erfinde. Er erklärte, er wisse, was Träume seien, da ihm die Leute manchmal Träume erzählten. Was er erlebe, sei dagegen nichts anderes als eine Erweiterung des Bewußtseins. Zum Glück habe er heute nicht einmal eine Bewußtseinserweiterung erlebt. Ich deutete an, er scheine sich vor Träumen sehr zu fürchten und *ziehe* offenbar Bewußtseinserweiterungen *vor*.

Zweite Stunde

Die nächste Sitzung begann mit einem dreißigminütigen Schweigen. Schließlich sagte er, er wolle nicht zugeben, daß es für das Schweigen einen Grund geben könne. Nach einer Weile fügte er hinzu, er sei auf dem Weg zur Sitzung auf dem Eis ausgerutscht, hingefallen und habe sich an der Hand verletzt.

Ich sagte, er deute eine mögliche Verbindung zwischen seinem Schweigen und der Handverletzung an. Doch er erwiderte: »Das denke ich nicht. Einen solchen Zusammenhang sollte es nicht geben, meine Hand ist ja nicht abgefallen!« Ich sagte, meiner Meinung nach wolle er nicht eingestehen, daß nicht nur seine Hand, sondern auch seine Gefühle verletzt sein könnten. Er forderte mich auf zu erklären, warum er sich von etwas so Gewöhnlichem wie einem Sturz verletzt fühlen sollte. Meinte ich etwa, er grolle, bloß weil er auf dem Weg zu mir gestürzt sei? Ich sagte, wenn er zugebe, daß seine Gefühle verletzt seien, befürchte er offenbar, sein Stolz wäre verletzt, da er sich bemühe, alle Erlebnisse wie den Sturz als bedeutungslos hinzustellen.

Dies führte zu einer für ihn typischen Feststellung, die sehr schwer zu bewerten ist. Er sagte: »Sie erkennen nicht, daß ich äußerste Maßnahmen ergreife, damit ganz sicher keine Spur von Stolz übrigbleibt und meine Demut außer jeglicher Kritik steht.« Ich sagte, er mache deutlich, daß er Stolz als etwas Schlechtes ansehe und, sobald irgendein Anzeichen davon auftauche, Maßnahmen dagegen ergreife. Sein Glaube, jede Mühsal und jegliche Schmerzen klaglos ertragen zu sollen, werde von dem gestört, was er tatsächlich fühle. Dann habe er Angst, sein System könne zusammenbrechen. Heute scheine er sich zu weigern, gewisse Gefühle zuzugeben, wie auch den Haß, den er gegenüber diesen Gefühlen empfinde.

Er sagte: »Also denken Sie, daß ich Teile meines Verstandes in den Wind werfe und Sie diese Stücke aufheben und wie ein Puzzle zusammensetzen. Das klingt ein bißchen kindisch, wie ein Kinderspiel!« Ich dachte, er betrachtete es als etwas Ernsthafteres, da es vielleicht nicht möglich ist, zu retten, was so leicht verlorengegangen ist. Er sagte, vermutlich tue er genau dies in seinen Visionen, und verband dies mit der Idee, die Gebäude in seinen Visionen enthielten all jene verstreuten Teile, die er benötige.

Als er von der Couch aufstand, zuckte er vor Schmerz zusammen und ließ seine rechte Hand schlaff herabhängen, so daß ich dachte, sie sei tatsächlich ernsthaft verletzt oder gebrochen.

Diskussion der zweiten Stunde

Der Sturz des Patienten und seine schmerzende Hand schufen eine Situation, in der er bemüht war, das entstandene Problem als so geringfügig wie möglich erscheinen zu lassen. Dies ließ mich ängstlich und um seine körperliche und psychische Belastung besorgt reagieren, welche er so entschlossen zu ignorieren schien. Widerstrebend gab er zu, es könne einen Grund für das dreißigminütige Schweigen geben. Und als er daraufhin den Sturz erwähnte, deutete ich den offenkundigen Zusammenhang. Ich glaube, er fühlte, daß ich bereits weitergehende Schlußfolgerungen anstellte, zum Beispiel, daß er beleidigt oder ärgerlich sei, denn er protestierte: »Warum sollte ich? Meine Hand ist ja nicht abgefallen!« Meiner Meinung nach empfand er, daß ich das Schweigen, in dem ich sah, daß er verletzt war, ohne den Grund dafür zu kennen, nicht ertragen konnte und mir eine Theorie bildete, um es zu erklären. Dadurch wurde seine Reaktion, und insbesondere seine subjektive Erfahrung, von mir nicht toleriert. Meines Erachtens hatte er das Gefühl, es sei, wenn er verletzt ist, das Wichtigste, die durch seine Gefühle geschaffene Störung so gering wie möglich zu halten, wie auch, daß ich die Wirkung, die dies auf mich hatte, nicht ertragen konnte. Ein Teil meiner Schwierigkeit rührte von der Verachtung, mit der er jeden bedachte, der Erfahrungen wie Schmerz ernst nahm: Nach dem Sturz kam er in einem zerrütteten Zustand an, und ich wußte, daß ich ihm nicht nahe kommen durfte. Rückblickend, scheint mir, kann man sehen, daß es die Realität seiner subjektiven Erfahrung war, die er im Zusammenhang mit dem Sturz und der Wirkung, die dieser auf ihn hatte, haßte. Seine Verletzung und sein Stolz führen zu solch extremen Reaktionen, daß er die Realität seiner subjektiven Erfahrung nicht zuzugeben wagt und sie durch seine Visionen ersetzt. Als ich seinen Haß auf seine eigenen Gefühle deutete, brachte er das Bild von den Teilen seines

Verstandes, die in den Wind geworfen und von mir wie in einem Puzzle zusammengesetzt werden. Die Aussage, seine Hand sei ja nicht abgefallen, weist auf einer Ebene seinen Schmerz zurück. Sie kann aber auch als Bestätigung dafür dienen, nicht selbst in Stücke zerfallen zu sein. Ich denke, die Teile wurden mir zugeworfen und er hatte das Gefühl, ich müsse sie zusammensetzen, um ihnen einen Sinn zu geben, mit dem *ich* zurechtkäme. Dabei schien er zu unterstellen, seine Visionen dienten einer ähnlichen defensiven Funktion, wenn *er* extreme Angst nicht ertragen konnte. Weder sein Schema noch meines führten zu einem Containment, in dem Bedeutung bewahrt wurde. Er glaubte, beide verfolgten hauptsächlich den Zweck, die Erfahrung seiner psychischen Wirklichkeit abzuwehren.

Dritte Stunde

In der nächsten Stunde fuhr er fort, seine schmerzende Hand als unbedeutend hinzustellen, ging aber mit einem Verband an seiner rechten Hand äußerst gebückt rückwärts von der Tür zur Couch. Nach einem kurzen Schweigen sagte er: »Früher oder später werden Sie auf meine Hand zu sprechen kommen. Sie hat einen Verband und keinen Gips, aber sie ist gebrochen. Ich nehme an, Sie wissen, wer dafür verantwortlich ist.«

Ich war im Zweifel, ob er sich auf die Fraktur oder auf den Verband bezog, ließ dies aber beiseite und sagte, meines Erachtens meine er, ich sei durch die Art und Weise für den Verband verantwortlich, wie ich am Freitag die Aufmerksamkeit auf seine Hand gelenkt hatte. Er stimmte zu: »Jawohl, aber kräftig unterstützt von meinem Vater! Er sagte, er könne es nicht aushalten, wenn er mich nicht zur Röntgenaufnahme und Behandlung mitnähme.«

Er grollte offenbar darüber, daß man ihn gezwungen hatte, sich versorgen zu lassen, und daß sich dies so anfühlte, als wäre es meine Art des Umgangs mit den Dingen. Dann betonte er, daß er das gebrochene Handgelenk für bedeutungslos hielt: »In sechs Wochen ist es ohnehin nicht mehr zu spüren, was bedeutet es also schon, wenn es jetzt weh tut?« Er erzählte mir, daß es sich um eine relativ harmlose Kompressionsfraktur handelte, die nicht einmal einen Gipsverband benötigte, obwohl ihn der Arzt gefragt hatte, ob er einen wolle.

Ich sagte zu ihm, er mache deutlich, daß er den Schaden lieber auf seine Weise behandeln wolle, die offenbar darin bestehe, sich auf die Macht seiner Gedanken zu verlassen. Und ich sagte auch, er habe Angst, ich könnte wie sein Vater die Angst und Schuld nicht ertragen, die seine Art des Umgangs mit den Dingen in mir hervorrufe. Wenn ich dies nicht aushalten könne, fühle er sich gezwungen, die Dinge auf meine Art zu erledigen und sich mit Nichtigkeiten abzugeben, um mir zu helfen, mit meiner Angst und Schuld zurechtzukommen.

An einem bestimmten Punkt sagte er wie aus heiterem Himmel: »Nun, was ist das Ergebnis Ihrer Ermittlungen?« und fügte hinzu: »um einen Begriff der Polizei zu gebrauchen«.

Ich sagte daraufhin, meiner Meinung nach habe er das Gefühl, daß ein Verbrecher oder Angeklagter irgendwo frei herumlaufe. In der Sitzung habe er mir widerstrebend geholfen, und nun wolle er wissen, was meine Schlußfolgerungen seien. Die Stimmung veränderte sich, und er erklärte, daß ihn der Schmerz in seiner Hand den ganzen Tag über beschäftige.

Diskussion der dritten Stunde

Dies war eine jener Stunden, in der die Haltung, in der der Patient den Raum betrat, den Eindruck von jemandem erweckte, der von seinem Kampf, zur Stunde zu kommen, ja, überhaupt zu überleben, mitgenommen und niedergeschlagen war. Schließlich beschrieb er, wie er wegen des Drucks, der von seinem Vater und mir ausgeübt wurde, gezwungen war, seine Hand von einem Arzt anschauen zu lassen. Dies bedeutete zugleich eine Bedrohung seiner Allmacht, die ihm ermöglichen sollte, auf einer der »weltlichen Wirklichkeit« überlegenen transzendentalen Ebene zu existieren. Ich glaube, seine Hand repräsentierte sein ganzes Sein, und die durch seinen Sturz ausgelösten Gefühle hatten bei seinem Vater und bei mir eine besorgte Reaktion ausgelöst, die ihm sehr unangenehm war. Fast verhielt es sich so, als wäre der Schmerz selbst der »frei herumlaufende Verbrecher«, auf den er sich meiner Meinung nach bezog, als er der Polizei bei ihren Ermittlungen half. Zum Arzt gehen hieß nicht einfach, Erleichterung von seinem Schmerz zu finden, es beinhaltete Röntgendiagnostik und Tests, die daraus eine polizeiartige Aktivität machten. Meine Arbeit hatte etwas ähnlich Doppeldeutiges, was es für ihn unbedingt erforderlich machte, meine Motive zu verstehen. Anstelle von Erleichterung und Dankbarkeit, daß man für ihn gesorgt hatte, richtete er seinen Ärger und seine Verachtung gegen seine Objekte mit dem Argument, wir hätten aus egoistischen Motiven gehandelt, in erster Linie um Schuldgefühlen aus dem Weg zu gehen. Dennoch schien ihn etwas zu berühren und ließ ihn die Frage stellen, ob er bei den polizeiähnlichen Ermittlungen mithelfen könne. Mir schien, er erkannte einen Schuldigen an, der für das Leiden verantwortlich war, und vielleicht sogar eine destruktive Omnipotenz, die ihn von der Hilfe durch seine Familie und seine Analyse abschnitt. Die Veränderung der Stimmung und das Eingeständnis, daß seine Hand ihm den ganzen Tag über jede Minute weh tat, erscheint einerseits als Anerkennung seines Leidens und Einschränkung seiner Allmacht, während er gleichzeitig in seine Rolle als lang leidendes Opfer überwechselte. Ich vermute, daß er bis zu einem gewissen Grad um sein Gefühl von Dankbarkeit wußte, weil man sich um ihn gesorgt hatte, dieses Gefühl aber angreifen mußte, indem er sagte, sein Vater und ich seien zwar nicht desinteressiert, halfen ihm aber nur, um uns selbst besser zu fühlen.

Zum Hintergrund der vierten Stunde

Ungefähr eine Woche später sprach er in einer Dienstagsstunde von Peter dem Großen, der mit großer Grausamkeit und Gleichgültigkeit gegenüber den Bedürfnissen des gewöhnlichen Volkes auf sumpfigem Grund eine Hauptstadt errichtet hatte. Er machte eine ziemlich zweideutige Aussage, welche zu beinhalten schien, daß er in der Sphäre seiner Visionen auf ebenjene unbarmherzige Weise baute. Aber wie um sich gegen eine mögliche Anklage wegen Grausamkeit zu verteidigen, fügte er hinzu, daß dies in der Phantasie zwar machbar wäre, aber bei der Umsetzung in die Wirklichkeit in sich zusammenbräche.

Ich deutete, daß er zwar zwischen seinen Visionen und der Realität unterscheide, nach meinem Dafürhalten aber nicht immer in der Lage sei, beide auseinanderzuhalten. Er betrachte seine Visionen als Phantasie, beginne aber zu erkennen, daß ich auf seine Grausamkeit und Gleichgültigkeit, wie sie anläßlich seines Sturzes und der Geringschätzung des Schmerzes in seinem Handgelenk so deutlich zum Ausdruck kamen, achten müsse. Daraufhin bekräftigte er seine Überzeugung, daß seine Visionen auf Realität gründeten, und erklärte, das Problem bestehe darin, das System immer wieder neu aufzufüllen.

Dies beinhaltete meiner Meinung nach die Überzeugung, sein visionäres System stelle eine Reaktion auf ein von mir errichtetes, ähnlich machtvolles System dar, welches dazu diene, meine eigenen Herrschaftsabsichten aufrechtzuerhalten, was seinem Gefühl nach bedeute, die Dinge auf meine Art zu erledigen und gegenüber seinem Wunsch, die weltliche Wirklichkeit zu minimieren, völlig gleichgültig zu bleiben. Als Reaktion darauf, so schlug ich vor, versuche er sich durch den Aufbau einer gleichartigen Herrschaftsstruktur zu schützen – seinem Gefühl nach der einzige Weg, um mich davon abzuhalten, ihn zu zerstören, und um eine Spur von der Lebendigkeit zu bewahren, die darin versteckt war.

Vierte Stunde

Die nächste Stunde (Mittwoch) begann er mit den Worten: »Montag nacht hatte ich einen Traum. Ich habe ihn Ihnen gestern nicht erzählt, weil es nur eine Ausdehnung der weltlichen Wirklichkeit war. Als ich aufwachte, dachte ich, es sei wirklich geschehen, und erkannte erst nach und nach, daß dies nicht sein konnte.« Nach einigen weiteren Kommentaren und Schweigepausen erzählte er mir den Traum:

»Ich fuhr mit einem Auto einen Hügel hinunter. An einer Kreuzung gab es eine Absperrung, und ich stieg aus dem Wagen aus, um nachzusehen, was los war. Ich zog die Bremse, aber das Auto fing zu rollen an. Ein Freund, der sich im Wagen befand, schaffte es, ihn zum Stehen zu bringen und in eine Seitenstraße zu ziehen. Aber der Motor blieb stehen, und es gab eine Eisfläche. Er brachte den Wagen zum Laufen, indem er ihn den Hügel hinaufschob, aber ein anderer Wagen kam über die Kuppe, und wir hatten einen Zusammenstoß.«

Ich deutete, das Einbringen eines Traumes stelle an sich einen neuen Schritt dar, denn er berichte fast nie über Träume. In seinem Traum war er am Steuer, und vor kurzem hatte er mir erzählt, daß das dreijährige Fahrverbot bald auslaufen würde. Ich dachte, indem er einen Traum brachte, nahm er an der Analyse teil, als ob auch ein Verbot, Träume zu bringen, aufgehoben wäre. Als ich nach einigen Klarstellungen hinsichtlich des Eises, des Freundes und des Zusammenstoßes mit dem anderen Auto fragte, konnte er es nicht ausführen und sagte, Teile des Traums kämen ihm fremdartig und ziemlich wie Science fiction vor. Wie könne man einen Wagen anlassen, indem man ihn einen Hügel hinaufschiebt?

Ich schlug vor, die Tatsache, daß er einen Traum hatte, könnte ihn recht ängstlich gemacht haben, vielleicht weil er ihn in der vorhergehenden Sitzung nicht erwähnt hatte, als er in seine Visionen vertieft war und sich selbst mit Peter dem Großen verglich. Ich fragte ihn, ob er denke, daß der Zusammenstoß in dem Traum mit seiner Befürchtung in Zusammenhang stehe, wie sein Gedankensystem mit meinem zusammenprallen könnte. Darauf antwortete er: »Alles, was man tun kann, ist auszusteigen und die Versicherungsdetails auszutauschen.« Ich sagte, daß er schon wieder im Begriff sei, die Störung herunterzuspielen, als ob bei dem Zusammenstoß niemand verletzt worden wäre. Und dennoch scheine auch etwas Gefährlicheres da zu sein, vielleicht in Zusammenhang mit der Eisfläche im Traum, die meiner Meinung nach mit seinem Sturz und der schmerzenden gebrochenen Hand in Verbindung stehe.

Er war überrascht und von der Vorstellung beunruhigt, daß sein Traum mit seinem Sturz in Zusammenhang stehen könnte. Aber er räumte ein, daß der Sturz auf einem Hügel in der Nähe meines Sprechzimmers passiert war. Als er sich daran erinnerte, beschrieb er, daß zwei Arbeiter die Straße aufgegraben hatten und ihn fallen sahen. Sie mußten seine Verletzung bemerkt haben, nahmen aber keine Notiz davon. Ich deutete, wenn er mir bei der Arbeit an dem Traum helfe, erlebe er sich und mich so angespannt bei unserer Tätigkeit, daß wir seinem Schicksal gegenüber genauso gleichgültig würden, wie es die Arbeiter seinem Gefühl nach waren.

Diskussion der vierten Stunde

Der Patient erschien mir besorgt, daß das Beibringen eines Traums bedeutete, »dem Analytiker bei seinen Ermittlungen zu helfen«, was zur Identifizierung seines omnipotenten Systems als der für sein Leiden verantwortlichen grausamen Macht führen könnte. Er betrachtete seine Visionen als etwas Notwendiges, um sich vor Kräften zu schützen, die genauso allmächtig waren und die er hauptsächlich mit seiner Unterwerfung unter Autoritäten zu Hause und in der Schule in Verbindung brachte. Mich empfand er als eine zweideutige Figur, manchmal fähig, sein Bedürfnis nach Visionen zu ertragen, und manchmal durch sie frustriert. Als er sah, daß ich von deren Unbarmherzigkeit entsetzt war, hatte er das Gefühl, daß ich seine Visionen haßte und den Wunsch hatte, sie abzubauen.

Im Gegensatz dazu wirkte der Traum selbst nicht allzu verschieden von einem üblichen Analysetraum und schien zu gewöhnlicher analytischer Arbeit einzuladen. Es erschien möglich, den Wagen als etwas in ihm zu deuten, von dem er fürchtete, es würde außer Kontrolle geraten. Ebenso, daß er die Gegenwart eines Freundes anerkannte, der ihm half, die Bremse zu ziehen. Dennoch gab es, nachdem das Fahrzeug zum Halten kam, einen Bereich im Traum, der verworrener war, mit Glatteis zu tun hatte und mit seinem Sturz sowie dem Problem, sich selbst wieder in Gang zu bringen, verbunden war. Diese Bereiche beinhalteten Gefahr und führten letztlich zu dem Zusammenstoß auf der Hügelkuppe. Ich schlug versuchsweise vor, daß diese Kollision einen Zusammenprall zwischen dem darstellen könnte, was er als seine und als meine Allmacht empfand. Zuerst bemühte er sich, dies herunterzuspielen, indem er sagte: »Wir tauschen einfach Versicherungsdetails aus.« Als er später jedoch die Erinnerung an den Sturz zuließ, konnte er sich an die beiden Arbeiter erinnern, die seinem Leiden gegenüber gleichgültig waren. Ich denke, er wollte, daß ich mit dem, was ich tat, aufhörte und Notiz von seinem traurigen Zustand nahm, der in seiner landstreicherartigen Erscheinung und seiner mitgenommenen Haltung so deutlich zum Ausdruck kam. Seine Anklage lautete, daß die durch die analytische Arbeit angebotene Fürsorge tatsächlich gefühllos und gleichgültig war und auf Eigeninteresse beruhte. Er fürchtete, ich könnte ihn nicht ertragen und würde versuchen, meine innere Ruhe zu erreichen, indem ich seinen elenden Zustand ignorierte, ihn zur ärztlichen Behandlung fortschickte und nur an meiner eigenen Arbeit wirklich interessiert war.

Allgemeine Diskussion

Obwohl nach allgemeiner Auffassung die Arbeit mit psychotischen Patienten den Analytiker vor besondere behandlungstechnische Schwierigkeiten stellt, ist die Natur dieser Schwierigkeiten oft schwer auszumachen. In der Arbeit mit dem Patienten, von dem ich hier berichtet habe, scheint es mir möglich, diese Schwierigkeiten näher zu untersuchen und zu erkennen, daß er in mir besondere Ängste auslöste. Diese riefen defensive Strukturen auf den Plan, welche mein Verständnis störten und meine Ressourcen entleerten. Besonders stark betroffen war ich von dem Gefühl, durch ein Abgeschnittensein von meinen Quellen von Stärke und Wissen in meinen eigenen Beziehungen unfähig geworden zu sein. Der Patient schien große Angst und Schuld zu induzieren, insbesondere im Hinblick auf das, was man als »weltliche Wirklichkeit« betrachten kann, wie auch speziell durch sein Versagen, objektiv beobachtbare Fortschritte zu machen. Beständig hatte ich die Idee, daß seine Eltern ärgerlich und mit mir unzufrieden waren, sich wahrscheinlich jeden Augenblick in seine Analyse einmischen würden, um sie zu beenden, und, schlimmer noch, mir nicht nur an seiner schlechten Behandlung, sondern auch am Versagen der Psychoanalyse die Schuld zu geben. Ich hatte sogar Phantasien, von ihnen wegen eines medizinischen Kunstfehlers angeklagt zu werden. Obwohl ich auf einer gewissen Ebene erkannte, daß er an der Erzeugung solcher Ängste beteiligt war, schien ich von seiner Verletzlichkeit überzeugt und war deshalb unfähig, die Stärke seiner Aggression und Destruktivität zu deuten.

Allmählich verhalfen mir jene Erfahrungen, wie ich sie in den Sitzungen beschrieb, zu einer Sichtweise, wonach er seine eigenen Konstruktionen und meine Versuche, ihn zu verstehen, als etwas Gleichartiges erlebte, das in beiden Fällen auf bösartiger Rücksichtslosigkeit und Allmacht beruhte. Genauso wie er versuchte, mich vor den schlimmsten Exzessen seines Sadismus zu schützen, wurde ich meines Erachtens dazu veranlaßt, eine ähnliche Haltung einzunehmen, gerade so, als wäre ich überzeugt, daß nicht nur seine Familie und die Schulen, sondern auch die Analyse selbst eine grausame autoritäre Welt repräsentierte, in der die wahren Bedürfnisse eines Kindes nicht gehört werden können.

Das beschriebene, typische Muster in den Sitzungen besteht darin, daß er berichtet oder nahelegt, daß etwas geschehen war, sein Zug Verspätung hatte, oder er gestürzt war. Dies hinterläßt bei ihm eine tiefe Wirkung, über die er sich aber nicht näher ausläßt. Ich antworte, indem ich Hypothesen aufstelle, die dem Zusammenlegen von Puzzleteilen zu einer sinnvollen Erklärung ähneln, und er wartet ab und beobachtet mich dabei, wie ich meine Vision seiner Erfahrung konstruiere. Er glaubt, ich machte dies ganz genau so wie er selbst, d. h. ich versuchte, seine Verstörung als etwas Normales hinzustellen, um meine eigene innere Ruhe zu finden.

Seine Verzweiflung scheint mit der Überzeugung verknüpft, daß seine subjektive Erfahrung in der äußeren Welt keine Gültigkeit hat. Wenn er verletzt ist, sagt er, es sei nichts passiert, wodurch seine psychische Realität verleugnet wird. Mehrfach versucht er, mich von der Überlegenheit seines psychischen Lebens zu überzeugen, wobei er die Bedeutung des körperlichen Leidens übergeht. Er möchte bei mir Verständnis erwecken, daß es wichtiger ist, auf seine subjektive Erfahrung zu achten als auf seine körperlichen Bedürfnisse, denen er mißtraut. Aber er kann auch seine psychische Wirklichkeit nicht ertragen, die angegriffen ist und sich in einem ruinösen Zustand befindet. Statt dessen konstruiert er ein System von Visionen, das aus festen Gebäuden von Größe und Schönheit, aber ohne Bedeutung und Leben besteht. Es gibt Ställe und Räume, aber keine Pferde und keine Menschen. Er erreicht Stabilität auf Kosten von Bedeutung. Er hat jedoch das Gefühl, wenigstens sagen zu können, daß er ein psychisches Leben hat, weil er in seinen Visionen über eine subjektive Wirklichkeit verfügt. Durch sein Schweigen verführt er mich zu ähnlichen Konstrukten, die in mir das Gefühl erzeugen, ihn klein zu machen, um für mich selbst zu sorgen.

Möglicherweise läßt sich sein Zusammenbruch im Alter von elf Jahren als Reaktion auf die Verleugnung seiner subjektiven Wirklichkeit verstehen. Er wußte, daß ihn der Junge, der ihn betrog, schwer verletzt hatte, und obwohl dies schmerzlich war, konnte er es meiner Meinung nach ertragen. Was ihn verrückt machte, war das Verhalten des Jungen, welches ihm zu verstehen gab, daß alles beim Alten geblieben war. Seine subjektive Wirklichkeit wurde nicht bestätigt, und er erlitt einen Zusammenbruch.

Schon früher hatte er Zurückweisungen erfahren, welche ihm das Gefühl vermittelten, er müsse die Realität ihrer Bedeutung entkleiden. Sogar der Vorfall, als seine Mutter den Griff seines Kinderwagens losließ, deutete an, daß er das Gefühl hatte, seine Eltern könnten seine Erfahrung nicht verstehen. Sie dachten, er würde die Aufregung des Losgelassenwerdens genießen, und konnten sein Entsetzen nicht erkennen. Er bestand nicht darauf, daß ich mit seiner Sicht der Dinge übereinstimmte. Aber er hoffte, ich könnte die Ängste ertragen, die diese in mir hervorrief, und ihm dadurch vermitteln, daß es eine gültige Erfahrung war. In seiner Analyse begegnete er mir als jemandem, der beanspruchte, mit ihm zurechtkommen zu können. Er war mißtrauisch und glaubte, ich bewerkstelligte dies mit Hilfe der gleichen Abwehrstrategien, die er selbst anwenden mußte.

Aus dem Englischen von Isolde Mäder-Kruse und Heinz Weiß

[KAPITEL 5]

Blick, Vorherrschaft und Erniedrigung im »Fall Schreber«

Einleitung

Die berühmten »Denkwürdigkeiten« des deutschen Senatspräsidenten Daniel Paul Schreber (1903) haben vor allem wegen der 1911 erschienenen, oft brillanten und kontroversen Analyse, die Freud ihnen widmete, ein ungewöhnliches Interesse erweckt. Die umfangreiche Literatur hierzu (darunter Katan 1959; Niederland 1951, 1959, 1960, 1981; Santner 1996; White 1961) wird glücklicherweise von Lothane (1992) kenntnisreich referiert und zusammengefaßt. Sie zeigt, daß sowohl die »Denkwürdigkeiten« wie auch Freuds Arbeit weiterhin Gegenstand lohnender wissenschaftlicher Untersuchung sind.

Wenn wir heute – rund hundert Jahre später – darauf blicken, dann können wir uns fragen, inwieweit sich Psychiatrie und Psychoanalyse in dieser Zeit verändert haben. Die Psychoanalyse hat sich sicherlich erheblich verändert, und in der vorliegenden Arbeit möchte ich mich auf einige Bereiche konzentrieren, die gegenwärtig von Interesse sind und mir für den Schreber-Fall relevant erscheinen. Zunächst gehe ich auf unser Verständnis der Depression und ihrer Beziehung zur Paranoia einerseits sowie zu narzißtischen Zuständen von Grandiosität andererseits ein. Dabei werde ich argumentieren, daß Schrebers Erkrankung grundsätzlich eine depressive Erkrankung blieb und auch als solche begann, jedoch schon sehr bald verfolgende Elemente entwickelte, die immer mehr zunahmen und schließlich zu einer allgemeinen Desorganisation und paranoiden Haltung führten. Am Ende ging die chaotische Fragmentierung unter der Vorherrschaft einer omnipotenten narzißtischen Organisation in einen organisierten Zustand über, der zu einer klinischen Besserung führte, ohne daß die wahnhaften Überzeugungen aufgegeben wurden.

Das zweite Thema, das ich erforschen möchte, hat mit dem Übergang zwischen diesen Zuständen zu tun und wirft die Frage auf, was zu der schrecklichen Verschlechterung hin zu einer Paranoia führte und was dies möglicherweise hätte verhindern können. Ebenso wäre die Frage interessant, wieso die klinische Besserung Schrebers nur durch eine auf Wahn beruhende Pseudointegration, nicht aber durch eine echte, auf die Realität gegründete Integration zustande kam.

Diese Fragen können nur in einer klinischen Arbeit vollständig untersucht werden, jedoch bietet der Schreber-Fall einige naheliegende Hinweise, die die Richtung angeben, die spätere Arbeiten einschlagen könnten. Einen Faktor bei diesen Übergängen stellt die Rolle von Scham und Erniedrigung im Leiden Schrebers dar. Denn diese schienen die Erfahrung von seelischem Schmerz so zu intensivieren, daß omnipotente Abwehrmechanismen ins Spiel gebracht werden mußten. Hier möchte ich kurz auf die Rolle des Blicks als Zeichen von Vorherrschaft oder Unterlegenheit zu sprechen kommen, d. h. als Zeichen dafür, ob man auf jemanden herabblickt oder zu ihm aufschaut. Ferner möchte ich dies mit einem verwandten Thema in Verbindung bringen, welches im Leiden Schrebers ebenfalls eine prominente Rolle spielte, nämlich seinem Scheitern bei dem Versuch, ein Objekt zu finden, zu dem er hätte aufschauen können in der Hoffnung, von seinem Leiden Entlastung zu finden. Dies hat mit dem Bedürfnis nach einem aufnehmenden Objekt zu tun und führt zu der interessanten Spekulation, ob seine Krankheit anders verlaufen wäre, wenn er jemanden hätte finden können, der in der Lage gewesen wäre, seinen Leidenszustand zu verstehen, d. h. der ihm geholfen hätte, seine Depression erträglicher zu gestalten, anstatt sein Gefühl von Scham und Erniedrigung noch weiter zu verstärken.

Schrebers depressiver Kern

Die Vorstellung, Schrebers Erkrankung sei im Grunde genommen depressiv, war für mich so überzeugend, daß ich überrascht war, neben Lothanes (1992) Übersicht zu den Untersuchungen über Schreber nur wenige Kommentatoren dieses berühmten Falles zu finden, die diesem Aspekt eine wichtige Bedeutung beimaßen. Vermutlich hat dies damit zu tun, daß sie wie Freud ihr Interesse auf die Paranoia richteten. Tatsächlich waren Schrebers erste Erkrankung und die Anfangsphase seiner zweiten Erkrankung von einer unbehandelbaren Schlaflosigkeit, schweren Hypochondrie und tiefen Depression beherrscht, die ihn zu mehreren Suizidversuchen veranlaßte. Während seiner zweiten Erkrankung war er zum Zeitpunkt der Klinikaufnahme extrem verstört und im Umgang schwierig. Die von Baumeyer (1956) aufgefundenen Abschriften der Krankenhausaufzeichnungen beschreiben, daß er die Nahrungsaufnahme verweigerte und lange Zeit völlig bewegungslos offenbar in einem stuporösen Zustand verharrte. Er war überzeugt, an Herzversagen zu sterben, und klagte über Gehirnerweichung. Er sprach davon, an der Pest zu leiden und wollte einen Wärter dafür bezahlen, ein Grab für ihn auszuheben. Überzeugt, tot zu sein und zu verwesen, wähnte er sich in einem Zustand, in dem er nicht beerdigt werden könnte. Er beklagte sich, daß ihm sein Penis abgedreht worden sei, und hielt sich für eine Frau. In seinem agitierten Zustand schockierte er andere Patienten vor allem dadurch, daß er laut schrie und Beschimpfungen ausrief.

Schrebers eigener Bericht von diesem Abschnitt seiner Krankheit schildert, wie er seine Zeit in endloser Melancholie verbrachte. Einzig mit Gedanken an den Tod befaßt, versuchte er wiederholt, sich das Leben zu nehmen. Aus seiner Hilflosigkeit und Verzweiflung klingt der depressive Affekt deutlich hervor. So erzählt er etwa von seiner Erniedrigung, als er an einen Ort gebracht wurde, den er als »eine für Demente (Tobsüchtige) eingerichtete Schlafzelle« beschreibt. »Hier überließ man mich meinem Schicksal; ich (...) machte in der Nacht auch einen natürlich mißlungenen Versuch, mich mittels des Bettuchs an der Bettstelle aufzuhängen. Der Gedanke, daß einem Menschen, dem mit allen Mitteln der ärztlichen Kunst Schlaf nicht mehr zu verschaffen sei, schließlich nichts weiter übrig bleibe, als sich das Leben zu nehmen, beherrschte mich vollständig. Daß dies in Anstalten nicht geduldet werde, war mir bekannt, ich lebte aber in dem Wahne, daß dann nach Erschöpfung aller Heilversuche eine Entlassung zu erfolgen habe – lediglich zu dem Zwecke, damit der Betreffende in seiner Behausung oder sonst wo seinem Leben ein Ende mache« (1903, S. 41).

Bald darauf entwickelte die Hypochondrie eine paranoide Färbung, als die Krankheitserscheinungen göttlichen Wundern zugeschrieben wurden, die zunächst hauptsächlich von der Seele seines Psychiaters, Prof. Flechsig, später von Gott in feindseliger Absicht gegen ihn gerichtet wurden. Die Beschäftigung mit seinem Körper war jedoch typisch depressiv. Er glaubte, an einer Lungenkrankheit, an Schwindsucht zu leiden, und daran, von einem Lungenwurm befallen zu sein. Die Lungenflügel seien zeitweise fast völlig absorbiert und sein Zwerchfell fast unmittelbar bis unter den Kehlkopf angehoben, so daß nur noch ein kleiner Rest der Lungen, mit dem er kaum atmen konnte, übrigblieb (ebd., S. 150). Anstelle seines Magens besaß er einen minderwertigen »Judenmagen« oder lebte oft auch ganz ohne Magen, so daß sich Speisen und Getränke dann ohne weiteres in die Bauchhöhle und in die Oberschenkel ergossen (ebd., S. 152). Seine Speiseröhre und Därme waren wiederholt zerrissen oder verschwunden und seinen Kehlkopf habe er mehr als einmal zum Teil mit aufgegessen. Angriffe auf seine Genitalien spielten eine besonders wichtige Rolle und gingen mit der Überzeugung einher, daß er, göttlichem Willen folgend, zunächst zum sexuellen Mißbrauch, später zur Erlösung der Welt, entmannt werden sollte. Unterleibsfäule ließ einen Modergeruch entstehen, der in ekelerregendster Weise seinem Mund entströmte (ebd., S. 154). Aus seinem Kopf, der von »kleinen Teufeln« in einer Schraubpresse zusammengedrückt wurde, wurden Nerven herausgezogen. Ein äußerst schmerzhafter, knochenfraßartiger Zustand der unteren Wirbelsäule hieß »Steißwunder« (ebd., S. 160).

Auch sein Geist wurde in einer für depressives Denken typischen Weise sehr weitgehend in Mitleidenschaft gezogen. Seine Stimmen nannten ihn beispielsweise »Höllenfürst«, wobei er bei lebendigem Leibe verbrannt werden sollte. Er führte dies auf moralische Fäulnis zurück, die sich bei ihm zu einer »gottesfeindlichen, unheimlichen Macht« entwickelt hatte.

Freud beschreibt eine seiner durchdringendsten depressiven Wahnideen wie folgt: »Auf der Höhe der Krankheit bildete sich bei Schreber mit dem Einfluß von Visionen ›zum Teil grausiger Natur, zum Teil aber wiederum von unbeschreiblicher Großartigkeit‹ die Überzeugung einer großen Katastrophe, eines Weltuntergangs.« Er lebte in der Überzeugung, »der ›einzige noch übrig gebliebene wirkliche Mensch‹« zu sein, »und die wenigen menschlichen Gestalten, die er noch sah, den Arzt, die Wärter und Patienten, erklärte er als ›hingewunderte, flüchtig hingemachte Männer‹« (Freud 1911c, S. 305). Nach Freuds Formulierung ging die Wahnidee vom Weltuntergang aus dem Abzug der libidinösen Besetzung von den Personen seiner Umgebung hervor, wodurch für ihn alles gleichgültig und bedeutungslos wurde. »Der Weltuntergang ist die Projektion dieser innerlichen Katastrophe; seine subjektive Welt ist untergegangen, seitdem er ihr seine Liebe entzogen hat« (ebd., S. 307). Dieses klinische Bild ist charakteristisch für eine schwere Depression mit nihilistischem Wahn und zahlreichen anderen Begleitsymptomen, die manchmal als Cotard-Syndrom (1880)[3] bezeichnet werden.

Freuds sechs Jahre später veröffentlichte Arbeit über Trauer und Melancholie (Freud 1916–17g) führte dann zu einer weiteren Klärung unserer Vorstellungen über die innere Welt des depressiven Patienten. Freud zeigte, daß bei der Melancholie die Identifizierung mit einem beschädigten oder toten Objekt einer Veränderung im Wege steht. Dieses kann nicht betrauert und aufgegeben werden, lebt im Inneren des Patienten weiter und wirft seinen Schatten auf das Ich. Melanie Klein baute auf diesen Erkenntnissen auf. Heute versuchen Kleinianer, die aktuelle Situation des Patienten mit frühkindlichen Erfahrungen in Beziehung zu bringen, und sehen die Grundlage der Depression in einem Entwicklungsstadium, in dem das Kleinkind erkennt, daß seine Liebe und sein Haß dem gleichen Objekt gelten, insbesondere demjenigen, das für es am allerwichtigsten ist, der Mutter oder ihrer Brust. Die Unvermeidbarkeit von Haß, beruhend auf Enttäuschung, Neid, Eifersucht und Gier, bedeutet, daß Angriffe auf die Brust unabwendbar sind und Phantasien und Bilder von einem beschädigten, sterbenden oder toten Objekt entstehen, mit dem sich das Kind identifiziert. In diesen Entwicklungsstadien wird die Brust so empfunden, als repräsentierte sie die ganze Welt,

---

[3] Cotard-Syndrom: *Délire de négation* (Verneinungswahn). Syndrom, bestehend aus psychischer Niedergeschlagenheit mit Suizidtendenzen, bei dem der Patient klagt, alles verloren zu haben: seinen Besitz, Teile seines Leibes oder den ganzen Leib, wobei er oft glaubt, verstorben zu sein und nur noch als wandelnder Körper zu existieren. Diese Wahnidee reicht im allgemeinen so weit, daß er behauptet, sein eigenes verwesendes Fleisch riechen zu können und die Würmer durch seine Haut kriechen zu spüren. Paradoxerweise vermittelt das »Totsein« dem Patienten oft eine Vorstellung von Unsterblichkeit. Andere Größenideen können vorkommen (Cotard 1880).

so daß ihre Zerstörung als Weltuntergang erlebt wird. Gleichzeitig wird die Identifizierung mit beschädigten oder von Krankheit heimgesuchten inneren Objekten auf körperlicher Ebene in Form hypochondrischer somatischer Symptome erlebt (Klein 1935).

In diesem für die depressive Position charakteristischen inneren Konflikt kommt die Liebe des Individuums gegenüber dem beschädigten Objekt mit dem Haß in Berührung, der dem gleichen Objekt gilt, was Schulderleben entstehen läßt. Die Integration von Liebe und Haß bedeutet, daß sich das Kind um seine Objekte sorgen kann und sich seiner Unfähigkeit, sie zu schützen und vor seiner Destruktivität zu bewahren, bewußt wird. Wenn der daraus resultierende Schmerz und die Verzweiflung tolerierbar sind, kann das Schuldgefühl zu einer mächtigen Einflußgröße werden, die Reue und Bedauern motiviert und einen Wunsch nach Wiedergutmachung und Wiederherstellung des beschädigten Objekts entstehen läßt.

Paranoia

Wir wissen nur allzu gut, daß eine solche Belastung und ihr seelischer Schmerz nicht lange auszuhalten sind. Dann werden Abwehrmaßnahmen ergriffen, um die Erfahrung erträglicher zu gestalten. Die wichtigsten unter diesen Abwehrmaßnahmen beinhalten einen Übergang zur Paranoia und zur Verwendung von Mechanismen wie Spaltung, Fragmentierung und projektiver Identifizierung. Klein (1935) beschrieb die enge Beziehung zwischen Paranoia und Depression, die sie später in Begriffen eines Übergangs zwischen depressiver und paranoid-schizoider Position formulierte (Klein 1946).

Diese paranoide Tendenz trat in Schrebers Zusammenbruch schon recht frühzeitig in Erscheinung, als er sein Leiden der Verfolgung durch göttliche Strahlen zuschrieb. Zwar führt die

Projektion nicht immer zu einer Verringerung des Leidens. Aber zumindest sorgt sie dafür, daß die damit einhergehende Schuld und Verantwortung beseitigt werden, was offenbar zu einer entscheidenden Entlastung führt.

Die depressive Grundtönung von Schrebers Verfolgung geht aus zahlreichen Passagen der ›Denkwürdigkeiten‹ hervor, welche die Überzeugung von seiner Unheilbarkeit hervorheben. Er schreibt beispielsweise: »Auf diese Weise wurde ein gegen mich gerichtetes Komplott fertig (...) welches dahinging, nach einmal erkannter oder angenommener Unheilbarkeit meiner Nervenkrankheit mich einem Menschen in der Weise auszuliefern, daß meine Seele demselben überlassen, mein Körper aber (...) in einen weiblichen Körper verwandelt, als solcher dem betreffenden Menschen zum geschlechtlichen Mißbrauch überlassen und dann einfach ›liegengelassen‹, also wohl der Verwesung anheim gegeben werden sollte« (1903, S. 56). »Immer war dabei die Vorstellung maßgebend, mich ›liegenzulassen‹, das heißt zu verlassen (...) durch Entmannung und Preisgebung meines Körpers als den einer weiblichen Dirne, ab und zu wohl auch durch Tötung und später durch Zerstörung meines Verstandes« (ebd., S. 94). Für das schlimmste Leiden wurde die Bezeichnung »Seelenmord« verwandt. Dieser wird zwar nirgendwo präzise definiert, bezeichnet aber offenbar die tiefste Erniedrigung und den größten Mißbrauch, dem jemand unterzogen werden kann, um den Kern seiner Identität zum Vorteil eines anderen zu zerstören.

Zeitweise kam es zu einer zunehmenden Fragmentierung der Verfolgungsideen, die zunächst von Flechsig, später von anderen Seelen und schließlich von Gott selbst ausgingen, der sich in einen vorderen und einen hinteren Gott, und letzterer wiederum in einen niederen und oberen Gott aufteilte. Die ihn angreifenden Seelen waren ebenso vielfältig und wurden als Vorhöfe des Himmels, als singende Vögel und zahlreiche, über seinen Körper ausschwärmende kleine Männer dargestellt. Zu dieser Zeit befand sich seine Erkrankung in ihrem desorganisiertesten und verstörtesten Zustand; die Destruktivität hatte alle Einflußmöglichkeiten von Liebe und Vernunft gesprengt.

Das erlösende Wahnsystem

Später ließ die Fragmentierung nach und es organisierte sich ein Wahnsystem um die zentrale Vorstellung, Schreber könne als Frau, die von Gott schwanger würde, das Menschengeschlecht zu einem Zustand der Seligkeit zurückführen.

Die Grandiosität, welche wir heute mit einem narzißtischen Typ von Identifizierung in Verbindung bringen, bestand jedoch schon lange vorher, als Schreber beschrieb, er sei »der ausschließliche Gegenstand göttlicher Wunder, somit der merkwürdigste Mensch, der je auf Erden gelebt habe« (Freud 1911c, S. 249). Die Omnipotenz spiegelte sich auch in allmächtigen Heilkräften wieder, die ebenfalls den göttlichen Strahlen zugeschrieben wurden. Er glaubte, er hätte »Zerstörungen an einzelnen Organen seines Körpers erfahren, die jedem anderen Menschen längst den Tod hätten bringen müssen, (...) göttliche Wunder (›Strahlen‹) aber hätten das Zerstörte immer wieder hergestellt und er sei daher, solange er ein Mann bleibe, überhaupt nicht sterblich« (ebd.).

Seine Sonderstellung als jemand, der über die Macht zur Anziehung der Gottesstrahlen verfügte, wurde nun allmählich erotisiert. Die »Weltordnung« als höheres, von Gott selbst ausgehendes Prinzip verlangte von ihm, seine »Wollust« zu pflegen. Der Zustand der Seligkeit, zu dem sich die Seele nach dem Tod durch den Vorgang der Läuterung erhebt, wurde anfangs als ununterbrochenes, an die Kontemplation Gottes gebundenes Genießen betrachtet, bald aber als ein Gefühl ungestörter »Wollust« angesehen. Tatsächlich klingt durch, daß Schrebers Leiden durch die letztendliche Versöhnung mit Gott zu einem Abschluß fände, da die Strahlen, sobald sie geistige Wollust erlangen, ihre Feindseligkeit aufgeben. Gott selbst verlangte nach Wollust und drohte ihm mit dem Rückzug seiner Strahlen, wenn er diese nicht pflege und seinem Verlangen nicht entspräche. Ein großer Teil der »Denkwürdigkeiten« ist der Herausarbeitung der Forderung nach Verweiblichung und der Einnahme einer unterwürfigen Haltung gegenüber Gott gewidmet, welche allmählich ihren verfolgenden Charakter verliert, um die mit dem Zustand der Seligkeit verbundene, erlösende Eigenschaft anzunehmen. Als die lärmenden Verfolgungen an Kraft verlieren, gelingt es Schreber, kohärenter zu werden und seiner Situation sogar ein gewisses Gefallen abzugewinnen. Während er auf seiner Pflicht, die größtmöglich geistige Wollust herzustellen, besteht, fügt er hinzu: »Soweit dabei für mich etwas von sinnlichem Genusse abfällt, bin ich berechtigt, denselben als eine kleine Entschädigung für das Übermaß der Leiden und Entbehrungen, das mir seit Jahren auferlegt ist, mitzunehmen« (1903, S. 283).

Freud war davon beeindruckt, wie diese Wahnideen die Bedeutung der Sexualität für das Seelenleben und die These von der zugrunde liegenden homosexuellen Vaterbeziehung Schrebers stützten. Heute ist die Vorstellung von einer allgemeinen Bisexualität nicht mehr strittig und es geht uns mehr darum, zu verstehen, wie die Erotisierung als Mittel zur Gestaltung der Beziehungen zu beiden Geschlechtern eingesetzt werden kann. Eine besondere, in der Analyse oft zu beobachtende Reaktion besteht darin, die Erfahrung von Verfolgung und Grausamkeit zu erotisieren und sie durch die Aufladung mit Sexualität in Form von Sado-Masochismus erträglicher zu gestalten. Dabei läßt sich vielleicht häufiger feststellen, daß die mit dem männlichen Organ und einer phallischen Identifikation verbundene Grausamkeit nicht nur das Leiden, sondern auch die Erniedrigung umkehrt, indem sie jemand anderen erniedrigt und ihm diese Grausamkeit zufügt. Ebenso wie der depressive Patient mit einer beschädigten inneren

Brust identifiziert ist, ist der omnipotente Patient im allgemeinen mit einem erigierten inneren Penis identifiziert. In dieser Hinsicht ist Schrebers Erlösungswahn ungewöhnlich, weil er die Erfahrung grausamer Verfolgung durch die Identifizierung mit einer unterwürfigen Frau auflöst, indem er die Grausamkeit in sexuelle Lust und die Mißbrauchsabsicht in omnipotente Wiedergutmachung verwandelt. Manchmal spielte Schreber mit der Phantasie einer Identifizierung mit Christus, der nach seinem Leiden in den Himmel aufstieg, um sich in eine selige Vereinigung mit Gott zu begeben, die ironischerweise deutlicher homosexuelle Merkmale aufwies. Zumeist blieb jedoch sein Versuch, seine zerstörte Welt wieder aufzubauen, transsexuell und heterosexuell.

Man könnte dies als Haarspalterei betrachten, weil aktiv-sadistische und passiv-masochistische Identifizierungen in der Regel miteinander einhergehen. Sicher bestand zwischen Schreber und Gott eine hoch erotisierte Beziehung, welche zweifellos an seine frühere Vaterbeziehung anknüpfte. Die Vorstellung einer aus der ungestörten Wollust zweier Partner hervorgehenden Seligkeit entspricht einer verbreiteten kindlichen Phantasie von der Befriedigung, welche die Eltern alleine miteinander teilen. Diese Phantasie läßt sich jedoch auf noch frühere Erfahrungen zwischen dem Baby und der Brust zurückverfolgen, die erotisiert und zu etwas Mutter und Baby völlig Erfüllendem idealisiert wird. Man ist ganz füreinander da, hat nur noch Augen füreinander – bis womöglich eine dritte Person, wie der Vater oder ein Geschwister, hinzukommt. Diese grandiosen, erotisierten Phantasien wurden für Schreber zu Wahngedanken. Sie halfen ihm anscheinend, seine geistigen Fähigkeiten zu organisieren und der furchtbaren Erfahrung zu entgehen, sich klein, verletzlich und der Lächerlichkeit und Verachtung preisgegeben zu fühlen.

Freuds Analyse beeindruckt gerade dort, wo sie das reparative Element in Schrebers Wahnsystem erkennt. Freud beschreibt, wie der Paranoiker, nachdem er seine Welt durch omnipotente

Angriffe auf sein gutes Objekt zerstört hat, wiederaufbaut – »nicht prächtiger zwar, aber wenigstens so, daß er wieder in ihr leben kann. Er baut sie auf durch die Arbeit seines Wahnes. *Was wir für die Krankheitsproduktion halten, die Wahnbildung, ist in Wirklichkeit der Heilungsversuch, die Rekonstruktion*« (Freud 1911, S. 308).

Tatsächlich verhalf das Wahnsystem Schreber offenbar dazu, ein beträchtliches Maß an Integration zurückzuerlangen. Er machte bemerkenswerte soziale Fortschritte, ohne irgendeine seiner grundsätzlichen Überzeugungen aufzugeben. Schließlich war er imstande, sich in den meisten sozialen Situationen angemessen zu verhalten, seine »Denkwürdigkeiten« zu verfassen und in einer kohärenten Weise auf die Wiedererlangung seiner Freiheit zu bestehen. Im Dezember 1902 wurde er aus der Nervenheilanstalt entlassen und erfüllte seine Aufgaben recht gut, wobei er seine wahnhaften Überzeugungen und Halluzinationen für sich behielt, bis sich nach dem Schlaganfall seiner Frau etwa fünf Jahre später die endgültige Verschlechterung seiner Krankheit einstellte.

Das Wahnsystem als Ort des psychischen Rückzugs

Nach meiner bisherigen Argumentation lassen sich in Schrebers Erkrankung drei Elemente unterscheiden: zunächst die Depression und Verzweiflung, die nicht nur die Anfangsphase seines Zusammenbruchs beherrschten, sondern auch im weiteren Verlauf die Färbung der gröberen psychotischen Erscheinungen bestimmten; zweitens die Paranoia, die von der Projektion von Verantwortung und Schuld ihren Ausgang nahm und durch eine zunehmende Desorganisation charakterisiert wurde, als die defensive Spaltung in eine Fragmentierung sowohl der Verfolger als auch des Selbst überging, was zu einem durchweg chaotischen Überlebenskampf führte. Das dritte Element bestand schließlich in einem relativ organisierten Wahnzustand, in dem die Verfolgung durch die Identifizierung mit einer erlösenden Weiblichkeit und einer erotisierten Unterwerfung unter den Vater annehmbarer gemacht wurde. Ich halte es für nützlich, diese drei Elemente als Gleichgewichtszustände zu begreifen, zwischen denen eine ständige Bewegung stattfindet, auch wenn sich eine fortschreitende Bewegung von der Depression hin zur Paranoia und von dort aus zu einem Wahnsystem erkennen läßt. Tatsächlich stelle ich mir das Schrebersche Wahnsystem als einen auf einer psychotischen Organisation beruhenden psychischen Rückzugsort vor (Steiner 1993), der immer dann aufgesucht wurde, wenn entweder die Depression oder die Paranoia unerträglich wurden. Obwohl wir viele Faktoren, die zur Unerträglichkeit dieser Zustände beitrugen, nicht verstehen, kann man nicht umhin, von der Rolle beeindruckt zu sein, die Erniedrigung in Schrebers Leiden spielte.

Die Bedeutung von Scham und Erniedrigung für Schreber

Scham und Erniedrigung nahmen in Schrebers Leiden eine hervorragende Bedeutung ein. Sie trugen dazu bei, die Verfolgung noch bedrängender und die Depression noch unerträglicher zu machen. Die Verfolger, die ihn quälten und sich über ihn lustig machten, blickten auf ihn herab und brachten ihn dazu, sich klein, schmutzig und unterlegen zu fühlen. Sie versuchten ihn zur Unterwerfung zu zwingen, indem sie einen Machtkampf anzettelten, in welchem der Blick eine zentrale Rolle spielte. Die Richtung des Blickes bedeutete Unterlegenheit, und als sich Schreber einmal davor fürchtete, daß man auf ihn herabschauen könnte, ging er soweit, seiner Frau die Besuchserlaubnis zu verweigern. Er sagte, er »könne nicht wünschen, daß meine Frau mich in dem herabgekommenen Zustande, in dem ich mich befand, überhaupt noch weiter sehe« (ebd., S. 44).

Besonders schmerzlich gestaltete sich die Erniedrigung im Hinblick auf die zentrale Verfolgungsidee der Entmannung. Hier beklagte sich Schreber, die Stimmen behandelten seine Umwandlung zur Frau fortwährend als sexuelle Schande, die ihnen Anlaß gab, ihn zu verhöhnen. Die »Gottesstrahlen glaubten mich nicht selten mit Rücksicht auf die angeblich bevorstehende Entmannung als ›Miß Schreber‹ verhöhnen zu dürfen« (ebd., S. 127). Oder sie sagten etwa: »Das will ein Senatspräsident sein, der sich f... läßt?« Gleichermaßen erniedrigend war die Art und Weise, wie ihn Gott seiner Meinung nach von seiner Dummheit zu überzeugen suchte. Hier wurden Fäzes in seinen Darm gezwängt, so daß er sich entleeren mußte, und kleine Überreste auf seinem Gesäß verschmiert. Er glaubte, Gott betrachte den Drang, zu scheißen, als Sieg über ihn, womit das Ziel der Zerstörung seines Verstandes erreicht war. Er klagte, die Perfidie dieser Politik zeige sich in dem Umstand, daß immer dann, wenn dieses Bedürfnis entstehe, jemand anderes auf die Toilette geschickt wurde, so daß diese stets besetzt war, wenn er sie benötigte. Gott verspottete ihn sogar, indem er ihm zu verstehen gab, er sei zu dumm zum Scheißen. Dies war einer der Wege, auf denen er zu der Überzeugung von der Blindheit und Unwissenheit Gottes gegenüber dem menschlichen Wesen gelangte (1903, S. 187 ff.).

Der Blick nimmt in den »Denkwürdigkeiten« auch als Maßstab für Schrebers Bereitschaft, sich gegen die Verfolgung zu wehren und die Verfolger zurückzuschlagen, eine wichtige Rolle ein. Als Schreber das Gefühl hatte, Flechsig und Gott blickten auf ihn herab, versuchte er seinerseits, bei ihnen Fehler zu finden, um auf sie herabschauen zu können. Diese Reaktion auf Erniedrigung führte zu einem kriegsähnlichen Kampf zwischen Schreber und Gott und verhinderte zugleich einen weiteren Kontakt mit depressiven Gefühlen, welche für Schreber eine Niederlage und Unterwerfung bedeuteten. Tatsächlich beinhaltete die mit omnipotenten Mitteln herbeigeführte letztliche Lösung die

Umwandlung und Idealisierung der Unterwerfung unter Gott in einen glorreichen Triumph.

In den verschiedenen Teilen der »Denkwürdigkeiten« gibt es kaum einen Hinweis auf Schuldgefühle oder die Anerkennung von Schaden, den Schreber seinen guten Objekten zufügte. Vielmehr ist seine Aufmerksamkeit ganz auf das beobachtende Objekt und dessen Bestreben gerichtet, ihm die scheußlichsten Strafen aufzuerlegen. Schrebers Unzulänglichkeiten werden offengelegt, und die Demütigungen werden ihm von machtvollen, beobachtenden Objekten aufgezwungen, die ihre Vorherrschaft über ihn behaupten. Folglich muß die Erniedrigung bekämpft werden, muß er sich gegen den Beobachter wehren und diesen besiegen. In Schrebers Fall verhält es sich wie in einem Kampf um Vorherrschaft, der an den Krieg zwischen Gott und Luzifer im »*Verlorenen Paradies*« erinnert. Freud führt dazu aus, daß Schrebers Verhältnis zu Gott »die nämliche Vereinigung von verehrungsvoller Unterwerfung und rebellischer Auflehnung« enthält, die seiner Auffassung nach für »die infantile Einstellung des Knaben zu seinem Vater« typisch ist (Freud 1911c, S. 287). Manchmal war es dabei Schreber, der besiegt, entmannt und entsetzlich bestraft wurde, und manchmal gelang es ihm, zurückzuschlagen, auf den »kleinen Flechsig« herabzuschauen und selbst Gott zu besiegen.

Ein Teil seiner trotzigen Herausforderung richtete sich gegen die Sonne, die in menschlicher Sprache zu ihm zu sprechen pflegte und sich ihm auf diese Weise als Lebewesen zu erkennen gab. Laut verkündete er, die Sonne sei eine Hure. Wenn er in sie blickte und laut sprach, »erbleichten« ihre Strahlen vor ihm (Freud 1912a, S. 317). Offenbar benutzte er seinen Blick, um die Erniedrigung umzukehren, so daß man nicht auf ihn herabschauen und ihn verspotten konnte, sondern umgekehrt er es war, der auf Gott und den »kleinen Flechsig« herabblicken konnte. Seine Fähigkeit, in die Sonne zu blicken, wovon er »nur in sehr bescheidenem Maße geblendet wird, was früher natürlich nicht möglich gewesen

[131]

wäre« (ebd., S. 318), war für Freud von besonderem Interesse. In einem Nachtrag zu seiner Schreber-Arbeit beschrieb er Mythen, die die Fähigkeit, in die Sonne zu blicken, allein den Adlern zugestehen, »die als Bewohner der höchsten Luftschichten zum Himmel, zur Sonne und zum Blitze in besonders innige Beziehung gebracht wurden«. Mehr noch, der Adler unterzieht »seine Jungen einer Probe (...), ehe er sie als legitim anerkennt. Wenn sie es nicht zustande bringen, in die Sonne zu schauen, ohne zu blinzeln, werden sie aus dem Nest geworfen« (Freud 1912a, S. 318). Freud betrachtet diesen Mythos als Beispiel für eine Schicksalsprüfung, als Abstammungsprobe und als Bestätigung dafür, daß die Sonne tatsächlich ein Vatersymbol darstellt. »Der Adler (...) benimmt sich also wie ein Abkömmling der Sonne, der seine Kinder der Ahnenprobe unterwirft. Und wenn Schreber sich rühmt, daß er ungestraft und ungeblendet in die Sonne schauen kann«, so Freud, »hat er den mythologischen Ausdruck für seine Kindesbeziehung zur Sonne wiedergefunden« (ebd., S. 319). Heute, denke ich, würden wir darin die Darstellung einer grausamen Welt sehen, in der der Sohn den Erwartungen des Vaters entsprechen muß oder aber hinausgeworfen und sich selbst überlassen wird, wie es Schreber in seiner tiefen Verzweiflung erlebte.

Zwischen der Persönlichkeit von Schrebers tatsächlichem Vater und dem wahnhaften Vater, den er als Flechsig oder Gott erlebte, wurde eine Reihe interessanter Verbindungen hergestellt (Katan 1959; Niederland 1951, 1959, 1960, 1981; Lothane 1992). Dr. Moritz Schreber war ein bedeutender Arzt, der ein System von Leibesübungen, Haltungsapparaten und Erziehungsprinzipien für Kinder entwickelte, welches eine für das Europa des 19. Jahrhunderts wahrscheinlich nicht unübliche autoritäre Atmosphäre schuf, gegen die man sich nur schwer auflehnen konnte. Wir können spekulieren, daß der Blick in die Augen des Vaters eine Unterwerfung unter die von ihm vertretenen Prinzipien bedeutete und die Unfähigkeit hierzu für eine Zurückweisung dieser Prinzipien stand, was zu dem Gefühl führte, gleich dem kleinen Adler in den Abgrund geworfen oder als unwürdig verstoßen zu werden, so wie es Schreber in seiner tiefen Depression empfand. Eine ähnliche Verbindung wurde zu dem behandelnden Psychiater, Prof. Flechsig, hergestellt, dessen Eintreten für die Neuropsychiatrie die Bedeutung der subjektiven Erfahrung auf die nämliche konkrete Weise wie die von Schreber im Wahn erlebte Figur verfehlte. Santner (1996) schlug vor, daß dies für ein Versagen der Symbolisierung stehen könne und sowohl der reale Flechsig wie auch Schrebers Gott an konkretem Denken litten. Dies findet eine Entsprechung in Schrebers Klage, Gott sei unfähig, aus Erfahrung zu lernen. Auf ähnliche Weise könnte der Umstand, daß Prof. Flechsig in erster Linie an Neuroanatomie interessiert war, sowie die den Patienten wahrscheinlich bekannte Tatsache, daß er in der Klinik ein Labor mit Gehirnproben besaß, die Behauptung stützen, Gott sei nicht in der Lage, die lebenden Menschen zu verstehen, da er nur an den Umgang mit totem Material gewöhnt sei. Andere Überlegungen betreffen den Zeitpunkt der Zusammenbrüche, von denen der erste auf Schrebers erfolglose Bewerbung für die Parlamentswahl, der zweite auf seine Ernennung zum Senatspräsidenten des sächsischen Oberlandesgerichts folgte. Beide Gelegenheiten könnten seine Ambitionen und mögliche Grandiosität stimuliert haben, wobei die Überlegungen dahin gehen, daß dies eine Herausforderung der väterlichen Autorität bedeutete. Santner (1996) trifft darüber hinaus die interessante Feststellung, daß das Judentum ebenso wie die Weiblichkeit als Zeichen der Minderwertigkeit betrachtet wurde und Schrebers Befürchtung verständlich machen könnte, einen minderwertigen Judenmagen zu besitzen. Eine weitere bedeutsame Quelle von Schrebers Scham und Erniedrigung war die wiederholte Enttäuschung seiner Hoffnung auf »Kindersegen«. Die zentrale Wahnvorstellung, die Welt zu erlösen und sie durch seine Umwandlung zur Frau in einen verlorenen Zustand der Seligkeit zurückzuversetzen, scheint mit der Phantasie zusammenzuhängen, dieses Scheitern überwinden zu können. Diese Überlegungen bereichern unser Verständnis von Schrebers Situation. Sie helfen uns, sie in den sozialen und politischen Kontext, in dem er aufwuchs, einzuordnen. Es ist schwierig zu beurteilen, ob sie eine ursächliche Rolle spielen. Sie alle hängen jedoch auf die eine oder andere Weise mit dem Kampf um Vorherrschaft und dem Bedürfnis nach Vermeidung von Scham zusammen.

Der Blick und die Sehnsucht nach Entlastung von Elend und Leid

Einen weiteren Aspekt, bei dem der Blick eine Rolle spielt, kann man in Schrebers Suche nach einem Objekt sehen, welches Entlastung von seinem Leiden vermitteln könnte. Hier war der Blick nach oben gerichtet. In der Hoffnung auf Heilung, die sie zu versprechen schienen, blickte er zu seinen Objekten auf, um durch seine Enttäuschung abermals herabgesetzt zu werden. Die Verfügbarkeit eines Objekts, welches imstande ist, die Projektionen des Patienten zu bewahren und aufzunehmen, stellt einen wichtigen Faktor dar, der ihm helfen kann, sein Leiden auszuhalten und durchzuarbeiten. In Schrebers Erfahrung scheint es ein bemerkenswertes Fehlen solcher aufnehmender Objekte zu geben.

Die aufnehmende Funktion von Objekten wurde von Bion (1962) herausgearbeitet. Sie findet sich aber bereits bei Klein (1957, S. 286–289) deutlich ausgedrückt, wenn sie beschreibt, wie sich das Kind dem guten Objekt zuwendet, um seine schlechten Gefühle loszuwerden. In seinem beständigen Drängen nach Beweisen von Liebe und Zuneigung veranlaßt es das Objekt, ihm seine destruktiven Gefühle abzunehmen, welche zu Verfolgungsgefühlen Anlaß geben. Dieses Bestreben, durch die Mutter zu jemand Gutem gemacht und von Scham und Schuld befreit zu werden, wird manchmal mit solchem Druck vorgebracht, daß es für den Analytiker schwierig ist, damit zurechtzukommen. Um hier ein Containment bereitzustellen, müssen die Eltern bzw. der Analytiker das Kind sowohl mit seinen guten Seiten wie auch mit seinen destruktiven Regungen so annehmen, wie es ist. Der nach oben, in das Gesicht der Mutter gerichtete Blick scheint oft ein solches Verlangen nach Anerkennung auszudrücken. Zur Mutter aufzuschauen, bringt jedoch die Gefahr mit sich, daß diese auf einen herabblickt. Eine Gefahr, die, wie es scheint, oft auf die Beziehung zum Vater übertragen wird und hier eine eher verfolgende Färbung annimmt.

Nimmt die Verzweiflung extreme Ausmaße an und stehen insbesondere Gefühle von Scham im Vordergrund, so kann der auf das Objekt ausgeübte Druck, Entlastung zu gewähren, so stark werden, daß der Patient kaum in der Lage ist, jemanden zu finden, der gewillt ist, ihm zuzuhören und seine Ängste ernst zu nehmen. In diesem Fall wird die Suche nach Entlastung durch Verstehen begleitet vom Verlangen nach einer magischen Lösung.

Wie viele depressive Patienten verlangte Schreber nach Entlastung – wie immer diese auch zustande käme. Zu Beginn seiner Erkrankung wurden ihm von Prof. Flechsig vertrauensvoll Aussichten auf einen günstigen Ausgang gemacht, die sich jedoch nicht einhalten ließen. Tatsächlich waren sowohl Flechsig als auch sein Vater Anhänger eines heilversprechenden Glaubenssystems. Flechsigs Zutrauen in die biologische Psychiatrie und in das, was man damals für wirkungsvolle neue Medikamente hielt, veranlaßten ihn zu der Zusicherung, Schreber würde durch einen medikamenteninduzierten Schlaf geheilt werden. Schrebers Vater, der sich für Körperhaltung, Leibesübungen und Disziplin einsetzte, versicherte seinem Sohn, er würde auf diesem Wege zu einem gesunden, starken Mann heranwachsen und seine charakterlichen Schwächen überwinden.

Schreber war gegenüber jedem Anzeichen falscher Versprechungen überaus empfindlich und fand die Schwächen von Flechsigs Therapie schnell heraus. Mir scheint, er verlangte ebensosehr nach Hoffnung, wie es ihm gleichzeitig möglich war, die ihm gemachten falschen Hoffnungen zu durchschauen. Er erwähnt zwei Gelegenheiten, die bei der Verschlechterung seines Zustandes hin zum Wahnhaften eine wichtige Rolle spielten. Sie scheinen mir für das verzweifelte Bedürfnis des depressiven Patienten nach Entlastung von Gefühlen des Schlechtseins, des Unwerts und der Hoffnungslosigkeit zu stehen. Zunächst beschreibt er, wie sich seine Stimmung aufhellte, als ihm ein Mitarbeiter Prof. Flechsigs versicherte, man denke nicht daran, die Behandlung aufzugeben, und wie sie sich kurz darauf erheblich verschlechterte, als er Prof. Flechsig fragte, »ob er wirklich an die Möglichkeit einer Heilung bei mir glaube«. Schreber beschreibt, wie dieser »zwar gewisse Vertröstungen abgab, *aber – so schien es mir wenigstens – mir dabei nicht mehr in die Augen sehen konnte*« (1903, S. 45). Dies schien seinen Eindruck zu bestätigen, Prof. Flechsig hege gegen ihn geheime Pläne, welche den Einsatz übernatürlicher Kräfte einschlössen. Führten die Methoden des Vaters zum Erfolg, so konnte der Patient ihn respektieren, bewundern und sich mit seiner Allmacht identifizieren. Schlugen sie jedoch fehl, so fühlte er sich weggeworfen, und seine Unheilbarkeit war dann ebenso eine Quelle großen Leidens wie auch ein triumphaler Beweis für die väterliche Fehlbarkeit.

Eine andere Erfahrung betrifft etwa um die gleiche Zeit Schrebers Reaktion auf die viertägige Abwesenheit seiner Frau, als diese, zum Teil Flechsigs Rat folgend, ihren Vater in Berlin besuchte, um sich von den Anstrengungen der Pflege ihres Mannes zu erholen. Schreber beschreibt, wie sich sein Zustand so sehr verschlechterte, daß er sie bei ihrer Rückkehr darum bat, ihn nicht mehr zu besuchen, da er es nicht ertragen konnte, in dem herabgekommenen Zustand, in dem er sich befand, von ihr noch weiter gesehen zu werden. Als sie später kam, betrachtete er sie nicht mehr als lebendiges Wesen. Auch hier spricht einiges dafür, daß ihre tägliche Anwesenheit einiges von der Scham und Schuld aufnehmen und auffangen konnte, die ihn während ihrer Abwesenheit überwältigten. Als sie zurückkehrte, war er sich sicher, daß sie auf ihn herabblicken würde.

Die Bedeutung, die der Richtung des Blicks zukommt, verdeutlicht, daß das Auge nicht nur Sinneseindrücke aufnimmt, sondern auch als Projektionsorgan dient. Wenn Schreber zu seinem Vater, zu seinen Ärzten und zu Gott aufblickte, hoffte er, seine Gefühle von Kleinheit und Unterlegenheit projizieren zu können, in Erwartung von Verständnis und Containment, die solche Gefühle erträglich machen konnten. Als der Professor die Projektionen nicht ertragen konnte, wandte er seinen Blick ab, ohne in der Lage zu sein, seine Hilflosigkeit einzugestehen. Schreber glaubte jedoch, daß die von ihm respektierten Figuren ihn nicht nur im Stich ließen, sondern ihn zu verfolgen begannen. Als diese die Bedrohung ihres Status verspürten, fingen sie an, sich eigener Elemente von Scham zu entledigen, indem sie diese in den Patienten projizierten, ihn der Erniedrigung und Lächerlichkeit preisgaben und dadurch ihre Vorherrschaft errichteten. Ein erheblicher Teil von Schrebers Wahn bestand in dem Versuch, die Überlegenheit seiner Objekte zu bekämpfen und deren Fehler und Schwächen herauszufinden. Erst als dies scheiterte, gelangte er zu der Lösung, die weibliche Erfahrung von Unterwerfung zu idealisieren.

Freud betrachtete 1911 das Thema von Vorherrschaft unter dem Gesichtspunkt der kindlichen Beziehung zum Vater, weil für ihn der Vater die Autorität in der Familie darstellt. Heute betrachten wir die mütterliche Autorität als ebenso bedeutsam und gehen davon aus, daß die Beziehung des Kindes zum Vater auf einer früheren Beziehung zur Mutter beruht, innerhalb welcher einige grundlegende Einstellungen und Erwartungen gebildet werden.

Wir sind uns bewußt, daß die früheste Beziehung des Säuglings zur Mutter mit einer Betonung der am Körperkontakt beteiligten Sinneswahrnehmungen einsetzt. Die Bedeutung von Berührung und Halten, die Vertrautheit mit Geruch und Geschmack sind jeweils Bestandteil der allerfrühesten Beziehung zur Brust. Sie spielen eine wichtige Rolle bei dem, was Freud als Lust-Ich bezeichnete, bei dem die Themen von Vorherrschaft und der daraus resultierenden Gefühle von Scham und Verlegenheit anfänglich noch fehlen. Es ist jedoch offenkundig, daß das Sehen schon sehr früh im Leben Bedeutung erlangt und der Säugling zunehmend eine Beziehung zur Mutter herstellt, indem er ihr ins Gesicht blickt und Augenkontakt aufnimmt. Ich denke, das Gesicht der Mutter könnte die erste Repräsentation eines beobachtenden Objekts sein, das dem Säugling vermittelt, daß sie eine Person ist und nicht einfach eine Brust, die ihm selbstverständlich zur Verfügung steht.

Wenn der Säugling in der Beziehung zu ihr eine gute Erfahrung macht, kann er zu seiner Mutter aufschauen und in dem Gefallen, das sich in ihrem Blick ausdrückt, sein eigenes Gefühl von Befriedigung und Erfolg wiederfinden. Diese Beziehung ist jedoch kompliziert, und es hängt viel davon ab, wie der Blick des Säuglings aufgenommen wird. Ist die Mutter abwesend, depressiv oder paranoid, so kann dies einen tiefreichenden Einfluß auf die Beziehung haben. Das gleiche gilt, wenn das Baby gestört ist und sein Blick eher Rückzug oder Erregung, Haß oder Triumph als Befriedigung und Liebe ausdrückt.

Schon früh erkennt der Säugling, daß Schauen und Sehen ein wechselseitiger Vorgang ist, wobei der Blickkontakt die Erfahrung des Angeschaut- und Gesehenwerdens einschließt. Ab einem gewissen Punkt verknüpft sich diese Erfahrung des Beobachtetwerdens oft auf äußerst schmerzliche Weise mit dem Erleben von Selbstbewußtsein, Verlegenheit, Scham und Erniedrigung. Die Augen werden dann nicht mehr einfach zum Aufnehmen von

Erfahrungen benutzt, sondern auch, um sehr viel über den inneren Zustand des Schauenden auszudrücken, so daß jemandem in die Augen zu blicken, die Bereitschaft einschließt, zu sehen und gesehen zu werden.

Die Schamlosigkeit der psychotischen Lösung

Als Schreber seine »Denkwürdigkeiten« verfaßte, schien ihn sein Wahnsystem auf wirksame Weise vor Schuld und Scham zu schützen. Dieser Umstand mag es ihm ermöglicht haben, solch detaillierte, um nicht zu sagen schamlose Beschreibungen seiner eigenen Verrücktheit zu liefern. In seinem offenen Brief an Prof. Flechsig, den er den »Denkwürdigkeiten« vorausschickt, anerkennt er die Möglichkeit, seine Enthüllungen könnten für Flechsig und andere peinlich sein. Die wahnhafte Gewißheit, moralisch im Recht zu sein, veranlaßt ihn jedoch dazu, ihre Veröffentlichung zu rechtfertigen: »Ich bedaure dies selbst auf das lebhafteste«, schreibt Schreber, »vermag aber leider nichts daran zu ändern, wenn ich nicht die Möglichkeit eines Verständnisses meiner Arbeit von vorneherein ausschließen will. Jedenfalls liegt mir die Absicht eines Angriffs auf Ihre Ehre durchaus fern, wie ich denn überhaupt *gegen keinen Menschen irgendeinen persönlichen Groll hege*, sondern mit meiner Arbeit nur den Zweck verfolge, die Erkenntnis der Wahrheit auf einem hochwichtigen, dem religiösen Gebiete, zu fördern« (1903, VII). Offenbar hegte er anfangs Zweifel, seine »Denkwürdigkeiten« zu publizieren, »namentlich um die Rücksicht auf einzelne noch lebende Personen«. Doch gelangt er zu dem Schluß: »Auf der anderen Seite bin ich der Meinung, daß es für die Wissenschaft und für die Erkenntnis religiöser Wahrheiten von Wert sein könnte, wenn noch bei meinen Lebzeiten irgendwelche Beobachtungen von berufener Seite an meinem Körper und meinen persönlichen Schicksalen zu ermöglichen wären. Dieser Erwägung gegenüber müssen alle persönlichen Rücksichten schweigen« (ebd., III).

Was ihn selbst anbelangt, scheint Schreber wegen der Enthüllungen keine Scham zu empfinden und ist entschlossen, sich bei der Verfolgung seines Zieles kein Leid zu ersparen. Tatsächlich führt der Leiter der Heilanstalt Sonnenstein, Dr. Weber, in seinem Gerichtsgutachten aus dem November 1900 das Fehlen von Scham als Argument dafür an, daß Schreber in den wahnhaften Charakter seiner Überzeugungen keine Einsicht hatte. In diesem Zusammenhang schreibt er:

> »Überblickt man den Inhalt seiner Schrift, berücksichtigt man die Fülle der Indiskretionen, die in bezug auf ihn und andere in ihr enthalten sind, die ungenierte Ausmalung der bedenklichsten und ästhetisch geradezu unmöglichen Situationen und Vorgänge, die Verwendung der anstößigsten Kraftausdrücke usw., so würde man es ganz unverständlich finden, daß ein Mann, der sich sonst durch Takt und Feingefühl ausgezeichnet hat, eine ihn vor der Öffentlichkeit so schwer kompromittierende Handlung beabsichtigen könne, wenn eben nicht seine Weltanschauung krankhaft verfälscht, wenn ihm nicht das Augenmaß für die tatsächlichen Verhältnisse abhanden gekommen wäre und die durch den Mangel an Einsicht in seinen Krankheitszustand herbeigeführte Überschätzung der überwiegenden Bedeutung seiner Persönlichkeit den Blick für die dem Menschen in der Gesellschaft gezogenen Schranken getrübt hätte« (1903, S. 402).

Als Freud seine auf den »Denkwürdigkeiten« beruhende Arbeit verfaßte, hegte er offenkundig ebenfalls Zweifel, was die Bloßstellung Schrebers durch die Veröffentlichung anbelangt. Er stellt fest: »Es ist möglich, daß Dr. Schreber heute noch lebt und sich von seinem 1903 vertretenen Wahnsystem so weit zurückgezogen hat (...). Soweit er aber die Identität seiner heutigen Persönlichkeit mit der damaligen noch festhält, darf ich mich auf seine eigenen Anregungen berufen, die [er] (...) den Bemühungen, ihn von der Publikation abzuhalten, entgegensetzte« (Freud 1911c, S. 241). Dann führt er einige der bereits zitierten, von Schreber selbst genannten Punkte an. Dies bedeutet offenbar, daß Schreber, hinge er seinem Wahn noch weiter an, durch seine Omnipotenz vor der Peinlichkeit geschützt wäre, welche ihm die Bloßstellung andernfalls bereiten würde. Es verhält sich gerade so, als bildete das Wahnsystem – vielleicht wie in »Des Kaisers neue Kleider« – eine Art Umhang, der beim Kontakt mit der Wirklichkeit auf eine erniedrigende Weise in sich zusammenfiele.

Und tatsächlich ist es die Fähigkeit des Psychotikers, Schamgefühle geringzuschätzen, welche ihm erlaubt, persönliche Dinge preiszugeben, die von weniger gestörten Personen verborgen werden. Freud erkannte dies, als er schrieb: »Die psychoanalytische Untersuchung der Paranoia wäre überhaupt unmöglich, wenn die Kranken nicht die Eigentümlichkeit besäßen, allerdings in entstellter Form, gerade das zu verraten, was die anderen Neurotiker als Geheimnis verbergen« (1911c, S. 240). Es ist die Schamlosigkeit des Psychotikers, welche ihm manchmal die Eröffnung von Einzelheiten erlaubt, für die andere sich schämen, und uns in die Lage versetzt, in die offengelegten psychischen Vorgänge Einblick zu nehmen. Die detaillierte Beschreibung der eigenen Erniedrigung ermöglicht uns, Schrebers Erkrankung aus einer gegenwärtigen Perspektive heraus zu betrachten und die Beobachtungen, die er an sich selbst machte, zu nutzen, um einige der von ihm durchlittenen Ängste besser zu verstehen und vielleicht auch bei unseren eigenen Patienten ähnliche Nöte zu identifizieren.

Aus dem Englischen von Heinz Weiß

[KAPITEL 6]

Sehen und Gesehenwerden – narzißtischer Stolz und narzißtische Demütigung

Einleitung

Wenn wir uns die Bedeutung des Blicks bewußtmachen, können wir besser erkennen, daß manche Patienten große Angst davor haben, dem Blick eines anderen ausgesetzt zu sein; sie fürchten, daß sie so gesehen werden, wie sie wirklich sind, ohne den Schutz, den die Privatsphäre normalerweise gewährt. Wie bei der Vertreibung aus dem Paradies oder im Märchen »Des Kaisers neue Kleider« kann die Furcht mit Nacktheit assoziiert sein; sie wird in der Regel als extremes Unbehagen erlebt, dessen Spektrum von Demütigung über Scham bis hin zu peinlicher Verlegenheit reicht. Die Bedeutung dieser Gefühle zeigt sich an der großen Zahl von Wörtern, die im Englischen wie im Deutschen mit ihnen verknüpft sind. Um nur einige wenige zu nennen: Der Patient fühlt sich etwa blamiert, entehrt, entwertet, entwürdigt, erniedrigt, gedemütigt, gekränkt, herabgesetzt, verachtet, verunglimpft oder verletzt. Zwar gibt es in diesem Gefühlsspektrum bedeutsame und subtile Unterschiede: Das Mißbehagen nimmt ab, wenn man sich von Demütigung über Scham in Richtung auf peinliche Empfindungen und Scheu bewegt. Aber alle diese Gefühle haben eine unerträgliche Qualität, und wer sie empfindet, sagt vielleicht, er würde lieber sterben oder er wünschte sich, daß die Erde sich auftue und ihn verschlucke, nur um sein Leiden schnell zu einem Ende zu bringen. Ich glaube, wir sind uns nicht immer im klaren darüber, daß Patienten, die gegenüber solchen Erlebnissen besonders empfindlich sind, sehr weitgehend von dem Bedürfnis bestimmt werden, Bloßstellungen und Demütigungen aus dem Weg zu gehen. Abwehrmaßnahmen werden ergriffen, um Demütigungen zu vermeiden oder ins Gegenteil zu verkehren, wobei die Patienten den Blick benutzen können, um in das Objekt einzudringen und so einen Ort zu gewinnen, wo sie sich verstecken können.

Eine narzißtische Objektbeziehung bietet genau den benötigten Schutz vor Bloßstellung, und zugleich scheint eine große Empfindlichkeit gegenüber Demütigung mit einer vorhergehenden Position der narzißtischen Überlegenheit verbunden, in welcher der Patient das Gefühl hat, sein wahres Selbst sei verborgen. Gedemütigt fühlt er sich zum einen Teil, weil er sich als klein, nackt, schmutzig usw. erlebt und dies nun aufgedeckt wird, zum anderen aber auch wegen des Kontrasts mit der zuvor behaupteten Überlegenheit, die nun quasi öffentlich zum Betrug erklärt wird. Ich habe bereits an anderer Stelle (Steiner 1993) darauf hingewiesen, daß es eine Funktion eines *psychischen Rückzugs* ist, ein solches Versteck bereitzustellen, und daß der Patient besonders anfällig für Schamgefühle und das Erleben von Demütigungen ist, sobald er aufgrund seiner Fortschritte oder wegen einer Bedrohung des Rückzugs aus ihm hervorkommt.

Rosenfelds ausführliche Beschreibungen narzißtischer Objektbeziehungen (Rosenfeld 1964, 1971) haben gezeigt, daß in diesem Beziehungsmodus die Trennung zwischen Selbst und Objekt durch die Verwendung von projektiven Identifizierungen aufgehoben wird. Dabei werden Teile des Selbst nicht mehr als eigene anerkannt und Teile des Objekts angeeignet. Bewegungen in Richtung Getrenntheit zwingen das Subjekt zu einer weitergehenden Anerkennung der Realität. Selbst die narzißtischsten Patienten unternehmen einige Schritte, um aus der Verschmelzung mit ihren Objekten herauszutreten, und wenn sie sich getrennter fühlen, sehen sie sich einer Realität gegenüber, die sie oft als extrem feindlich wahrnehmen. Ist der Patient in einer paranoiden Verfassung, fühlt er sich von körperlichen Angriffen und Folterqualen, von Kastration oder Vernichtung bedroht; oft aber steht die Gefahr von Demütigungen im Mittelpunkt, die dem Verfolgungsgefühl eine unerträgliche Qualität verleihen kann. Tatsächlich ist die Demütigung ein wichtiger Aspekt von Folter und Bestrafung; sie bringt im Gegensatz zum durch mechanische Verletzung verursachten Trauma offenbar eine interpersonale Qualität ins Spiel. Ich habe den Standpunkt vertreten, daß sie ein Merkmal einer depressiven Art von Paranoia ist, wie jener, an der Schreber litt (vgl. Kap. 5 in diesem Band), und daß depressive Züge und eine Bewegung in Richtung auf Ganzobjekt-Beziehungen möglicherweise den Unterschied ausmachen zwischen einer depressiven Beschäftigung mit Demütigung und einer stärker paranoid ausgerichteten Angst vor Fragmentierung und Vernichtung.

Manchmal kommt der Patient aus eigenem Antrieb zu einem besseren Kontakt mit der Realität, und zwar oft dann, wenn er sich stärker fühlt und seine Ungeduld mit der nur beschränkten Entwicklung zunimmt, wie sie eine narzißtische Objektbeziehung erlaubt. Manchmal fühlt er sich aber auch dazu genötigt, sich der Realität zu stellen, bevor er eigentlich dazu bereit ist. In beiden Fällen hat er im allgemeinen das Gefühl, daß die Gelegenheit, sein Sehvermögen zu nutzen, um seine Objekte zu beobachten, und die Erfahrung, seinerseits von ihnen gesehen zu werden, ihm nun Probleme bereiten.

Das Sehen erlaubt es, sich dem Objekt aus der Entfernung zu nähern und es als ganzes zu beobachten; dies ermöglicht es, seine guten und schlechten Seiten realistisch zu erkennen. Der Blick kann dann zu einem emotional bedeutsamen Kontakt mit dem Objekt führen, wie wenn man jemandem direkt in die Augen schaut; dieser Kontakt stört Idealisierungsprozesse und lenkt die Aufmerksamkeit auf die Mängel des Objekts. Er kann den Patienten auch in Kontakt mit guten Eigenschaften des Objekts bringen, die den Neid des Patienten erregen, und wenn er schließlich zum Erkennen von guten Eigenschaften im Patienten führt, dann kann er Furcht vor dem Neid anderer hervorrufen. Diese Schwierigkeiten wurden von Rosenfeld (1964, 1971), Riviere (1936) und vielen anderen beschrieben; sie tragen dazu bei, daß Getrenntheit unerträglich wird, was wiederum zu einer Intensivierung der narzißtischen Abwehr führt.

Die Probleme des Gesehenwerdens, die ebenfalls eine Konsequenz der Getrenntheit darstellen, wurden weniger oft erkannt, und ich glaube, manchmal bringen gerade sie das innere Gleichgewicht durcheinander, wenn die daraus entstehende Demütigung als extrem empfunden wird. Die Versuche, sich vor dem Gesehenwerden zu schützen, können den Patienten dazu bringen, den Kontakt zur Realität aufzugeben und zu den früheren narzißtischen Objektbeziehungen zurückzukehren, von denen er sich gerade erst entfernt hatte.

Einerseits scheint der Blick den Patienten zu bedrohen, wenn er sich selbst dem Gesehenwerden aussetzt, andererseits bietet er ihm eine Möglichkeit, wieder in sein Objekt einzudringen, um dort Schutz und ein Versteck zu finden. Der Patient bekommt dann leicht den Eindruck, seine Objekte seien daran interessiert, ihn auszuschließen, zu demütigen und zu erniedrigen, und sie benutzten dazu ihre Augen, mit denen sie ihn auf eine durchdringende und feindliche Weise beobachteten. Das Verfolgungsgefühl ist besonders stark, wenn der Patient selbst seine Augen dazu benutzt hat, Zuflucht im Inneren seiner Objekte zu suchen, aber auch um einzudringen und die bewundernswerten Eigenschaften des Objekts zu erwerben und sie anderen vorzuführen, damit er seinerseits bewundert wird. Dieses Vorgehen vermittelt dem Patienten in der Regel ein Gefühl von Unsicherheit, und wenn er sich bloßgestellt fühlt, erwartet er, von einer rachsüchtigen Über-Ich-Figur angegriffen und gedemütigt zu werden.

[146]

Der Blick wird in der frühesten Beziehung des Babys zu seiner Mutter bedeutsam, wenn die narzißtischen Objektbeziehungen erstmals etabliert werden. Aber das Auftauchen der frühen ödipalen Situation bringt schon bald eine Komplexität mit sich, welche der Zwei-Personen-Beziehung eine neue Tönung gibt; jede Störung der Phantasie einer narzißtischen Vollkommenheit von Kind und Mutter wird jetzt der Einmischung einer dritten Person zugeschrieben. Das bringt das Kind dazu, die Existenz eines Paares, von dem es ausgeschlossen ist, zu beobachten oder zu erschließen. Manchmal gelangt es in solchen Situationen zu der Überzeugung, es sei gerade der Zweck des elterlichen Verkehrs, das Kind zu demütigen.[4]

Die ödipale Situation bietet Gelegenheit, das Paar der Urszene zu beobachten; sie kann in Wirklichkeit oder in der Phantasie eine voyeuristische Erregung hervorrufen, in der das Kind schließlich durch eine Reihe von Identifizierungen in die Urszene eindringt und an ihr teilnimmt. Diese Identifizierungen bieten Schutz vor der schmerzlichen Erfahrung des Ausgeschlossenseins und können die Demütigung ungeschehen machen oder ins Gegenteil verkehren. Üblicherweise übernimmt das Kind in der Urszene eine Elternrolle und verweist eine konkurrierende Elternfigur in die Position des ausgeschlossenen und gedemütigten Beobachters, die es vorher selbst eingenommen hatte.

Früher oder später brechen diese Mechanismen jedoch zusammen, und das Kind verzichtet entweder aus eigenem Antrieb auf diese Schutzmechanismen, oder es hat das Gefühl, es sei aus seiner angemaßten Position vertrieben und dazu verurteilt worden,

---

[4] Klein (1929) beschreibt dies im Fall von Erna. »So z. B. legte sie dem Koitus der Eltern (den sie übrigens immer voraussetzte, wenn die Eltern alleinblieben) und allen ihren gegenseitigen Zärtlichkeiten als hauptsächlichstes Motiv den Wunsch der Mutter, ihre Eifersucht zu erregen, zugrunde. Das gleiche nahm sie von allen Vergnügungen der Mutter, des weiteren aber von denen aller Menschen und insbesondere aller Frauen an. Sie kleideten sich schön, um sie zu kränken usw.« (S. 323).

sich einer Realität zu stellen, in der es klein und ausgeschlossen ist. Das Ausmaß der Demütigung wird jetzt dadurch vergrößert, daß sich im Erleben des Kindes die narzißtische Anmaßung von Überlegenheit durch Identifizierung als Trug erwiesen hat; wie der Kaiser ohne Kleider sieht es sich als Objekt des Spotts.

Diese Abfolge wird nun zwangsläufig wiederholt; das Kind benutzt seine Augen, um ein derartiges Ausgeschlossenwerden ins Gegenteil zu verkehren und um eine Öffnung oder einen Spalt zu suchen, durch den es wieder eindringen und über das Objekt triumphieren kann. Weil die Augen als feindliches Mittel des Eindringens benutzt werden, fürchtet der Patient die Feindseligkeit in den Augen anderer und ist wiederum gezwungen, die Richtung der Verfolgung umzukehren.

Manche Patienten, die gegenüber Demütigungen besonders empfindlich sind, durchleben diese Situationen aus ihrer Kindheit offenbar immer wieder aufs lebhafteste und sind nicht in der Lage, in ihrer Analyse Fortschritte zu machen, da ihnen jede Weiterentwicklung als Bedrohung der schützenden narzißtischen Position erscheint. Der Patient ist sich oft seiner Furcht vor Beobachtung bewußt, aber er und sein Analytiker sind sich nicht immer darüber im klaren, daß gewöhnliche Aspekte der analytischen Situation wie das Liegen auf der Couch, der Beginn und das Ende der Stunde zu einer festgelegten Zeit oder das Erblicktwerden durch andere Analysanden dem Patienten das Gefühl vermitteln können, auf quälende Weise bloßgestellt und beobachtet zu werden. Manchmal kann sogar die Tatsache, daß der Analytiker dem Patienten zuhört und ihn versteht – dieser Wesenszug des analytischen Prozesses – ähnliche Gefühle auslösen. Ein technisches Problem entsteht, wenn die Qual der Demütigung extrem ist und sich mit jeder Beobachtung des Analytikers verbindet, selbst wenn er sie möglichst mitfühlend formuliert. Gleichzeitig neigt der Analytiker dazu, Schuldgefühle zu entwickeln, weil er sich als unfähig erlebt, dem Patienten eine qualvolle Demütigung zu ersparen.

Klinisches Material

Ich möchte einige der angesprochenen Fragen anhand von klinischem Material eines Patienten etwas näher betrachten. Herr A. beschäftigte sich viel damit, wie er gesehen wurde, und versuchte angestrengt zu verbergen, wie scheu, schüchtern und unbeholfen er sich fühlte. Verschiedene Erfahrungen in seiner Kindheit, darunter die Depression seiner Mutter, hatten dazu geführt, daß er sich immer fragte, ob er wirklich geliebt wurde; dies vermittelte ihm eine Unsicherheit, derentwegen er fürchtete, von anderen Leuten als irgendwie abnormal und andersartig angesehen zu werden.

In der Phase seiner Analyse, aus der ich berichten werde, neigte der Patient dazu, mit seinen Gefühlen von Demütigung so umzugehen, daß er sich bravourös und in vergnügtem Überschwang darstellte; dies erweckte den Eindruck, daß etwas nicht stimmte, daß er allzu angestrengt versuchte, anders zu sein, als er eigentlich war. Oft kasperte er herum und versuchte über längere Zeit, mich in Diskussionen über das Wetter oder die Unzuverlässigkeit der U-Bahn zu verwickeln. Wenn ich es unterließ, darauf einzugehen, bekam ich das Gefühl, ich hätte mich schäbig verhalten, und er schien sich verlegen und abgewiesen zu fühlen.

Ich werde die Art näher betrachten, wie er seine Augen in der Interaktion mit mir gebrauchte, zunächst als Mittel, um die Barrieren rund um meine Privatsphäre zu überwinden, damit er mich beobachten konnte, dann, um in mich zu projizieren, und schließlich, um zu überprüfen, ob seine Projektion erfolgreich war oder nicht. Ich fand diese Interaktionen interessant, aber unangenehm, obwohl ich vermutete, ihr Ziel sei, daß der Patient sich nicht klein fühlen mußte, was für ihn mit Demütigung verbunden war. Wenn die Projektionen erfolgreich waren, schien er das Gefühl zu haben, er könne auf mich herabsehen, und er suchte Bestätigung, indem er versuchte, Bewunderung hervorzurufen; wenn sie aber fehlschlugen, fühlte er sich oft ertappt und fürchtete den Vorwurf, er sei voyeuristisch und zudringlich gewesen. Es gab Hinweise dafür, daß das Herumkaspern auch als manische Abwehr tiefergehender Gefühle von Traurigkeit und Leere diente.

Seine Überempfindlichkeit gegenüber dem Gefühl, klein und verlegen zu sein, fand Ausdruck in einer Geschichte, in der er davon erzählte, wie er als kleines Kind alleingelassen wurde. Eines Tages hatte seine Mutter ihn gefragt, ob es ihm etwas ausmache, im Auto zu warten, während sie in ein Kaufhaus ging, um etwas einzukaufen. Er wollte groß und tapfer sein und willigte ein. Seine Mutter blieb jedoch zu lange fort, und er begann zu weinen. Ein Angestellter mußte seine Mutter ausrufen lassen, damit sie zurückkam. Etwas von dieser Angst war bei Analyseunterbrechungen zu beobachten, aber sie war normalerweise durch präventive Unterbrechungen verdeckt, die er selbst vornahm, um meine Ferien vorwegzunehmen oder sich für sie zu rächen. Er war sehr neugierig in bezug auf mein Familien- und Berufsleben, und es verletzte ihn, daß ich darüber nicht mehr mitteilte. Was anfänglich aussah wie eine gewöhnliche Neugierde, wobei er seine Augen benutzte, um etwas über mich herauszufinden, verwandelte sich in seiner Erregung in einen Voyeurismus, bei dem er seine Augen nutzen konnte, um in mich einzudringen und sich mit mir zu identifizieren.

Eines Tages kam er in die Stunde und erwähnte, ich hätte meine Toilettentür etwas offengelassen und er habe durch den offenen Türspalt sehen können, daß der Sitz hochgeklappt war. Er hatte gedacht, daß ich wohl dort gestanden hätte, um zu pinkeln. Zu Beginn der folgenden Stunde sagte er, er habe gerade die Toilette benutzt und beim Pinkeln an mich gedacht, wie ich in der Toilette stehe und pinkle; er habe sich gefragt, ob ich an ihn dächte, wenn er an mich denke. Ich bemerkte, er sei im Verlauf seiner Gedanken bei der Vorstellung gelandet, wir seien identisch, und ich verknüpfte das mit der Art, wie er den Türspalt aufgegriffen hatte, durch den er eindringen konnte. Er hatte den Eindruck, er habe mir gegenüber »aufgetrumpft«, und dies schien sein Gefühl, klein zu sein, auszulöschen, das sich einstellte, wenn er auf den Beginn der Stunde wartete oder wenn er meinte, ich schaute auf ihn herab, wenn er auf der Couch lag.

Als er seine Phantasien auf der Toilette beschrieb, dachte ich, er wolle, daß ich ihn bewunderte und so bestätigte, daß es ihm gelungen war, die Demütigung ins Gegenteil zu verkehren. Aber er erwartete auch, daß ich schließlich eine Methode finden würde, meine Überlegenheit wiederherzustellen, um ihn zu demütigen.

Dasselbe Thema tauchte in der nächsten Stunde mit weiteren Einzelheiten auf. Er kam 15 Minuten zu spät und gab mir einen Scheck. Wenn er mir einmal im Monat den Scheck gebe, sagte er, biete ihm dies immer die Gelegenheit, sich umzuschauen und die Papiere zu sehen, die neben mir auf dem Boden lagen. Er sagte aber auch, er fühle sich beobachtet und unwohl, wenn er das tue, und das sei wohl der Grund, warum er nur einen kurzen Blick auf die Papiere werfe. Er fuhr fort, um meinen Sessel herum lägen mehr Dinge, als er bemerkt hatte. Er sah ein Notizbuch und Papiere und einen dritten Stapel mit Dingen, über die er sich wunderte. Er fragte sich, warum ich sie nicht auf den Tisch räumte. Vielleicht sei es mir lieber, wenn sie nicht zu sehen seien. Die Papiere erinnerten ihn an alte Rechnungen auf seinem Wohnzimmertisch. In seinem Leben häuften sich die Dinge an und würden nicht richtig geordnet.

Ich meinte, wenn er auf mich herabsehen könne, fühle er sich nicht mehr klein und minderwertig. Er sehe uns als prinzipiell ähnlich, und wenn ich auf ihn herabsehe, könne er auch auf mich herabsehen, wie er es getan habe, als er über uns beide in der Toilette redete. Und jetzt sehe er uns beide umgeben von einer ähnlichen Unordnung voller Dinge, um die man sich nicht richtig kümmere. Er sagte, die Unordnung erinnere ihn an die Art und Weise, wie ihn die Depression seiner Mutter nach Meinung vieler Leute durcheinandergebracht und verwirrt habe. Er hatte das nie verstanden, aber jetzt denke er, daß ihn das vielleicht doch in ein ziemliches Chaos versetzt habe, und er erinnere sich daran, daß er es ziemlich schwierig fand, mit ihr zurechtzukommen, besonders, wenn sie so tat, als wäre alles normal. Es gab noch andere Erinnerungen an sein Elternhaus in Nordengland, darunter eine an das Eßzimmer, in dem seine Mutter arbeitete. Ich hatte bislang nur vage Andeutungen gehört, sie habe geschrieben, aber keinerlei Einzelheiten. Jetzt erklärte er, sie habe ein besonderes Interessensgebiet gehabt, in dem sie arbeitete, und er beschrieb, wie eine Ausziehplatte des Eßtisches mit Papieren und Büchern übersät war. Es gab auch eine Schreibmaschine, und er meinte, mein Papierstapel spiegele etwas davon wider. Er fragte sich, was sie wohl mit den Papieren machte, wenn sie Gäste hatten. Sie räumte sie vielleicht auf, aber er bezweifelte das. Warum hatte er sie nie gefragt? Vielleicht sei ein Zehnjähriger nicht an so etwas interessiert, aber das glaube er eigentlich nicht. Vielleicht wollte sie nicht darüber reden.

Ich sagte, meiner Meinung nach habe es seine Neugierde geweckt, als er meine Papiere gesehen habe; aber er sei sich meiner Zurückhaltung bewußt, weil ich seine Fragen über mich nicht beantworte und private Dinge versteckt hielte, wenn er nicht besondere Schritte unternehme, um sie in Augenschein zu nehmen. Wenn er in meiner Abwehr eine Lücke finden konnte, betrat er einen Bereich, aus dem er sich normalerweise ausgeschlossen fühlte. Anfänglich sah er uns beide inmitten unseres Durcheinanders von Papieren, und dies machte ihn weniger verletzlich gegenüber Herabsetzung, da wir beide als ähnlich angesehen wurden. Anschließend erinnerte er sich an seine Mutter und ihre Arbeit, was ihn auf etwas aufmerksam machte, das er an mir schätzen und respektieren konnte.

Das Tolerieren von Unterschieden aufrechtzuerhalten, war für ihn nicht leicht, und doch schien es mir in der nächsten Sitzung fortzudauern, in der er einen Traum beschrieb:

> Er ersetzte Bodenbretter in seinem Schlafzimmer. Er fragte sich, wie es dazu gekommen war, daß sie fehlten. Zuerst setzte er ein Brett verkehrt herum ein, aber er bemerkte schnell, daß die Feder in die Nut passen mußte. Als er das Brett umdrehte, paßte es, aber es war immer noch zu kurz und ließ ein Stück Boden offen.

Das erinnerte ihn an seinen Wohnzimmertisch. Er hatte die Ausziehplatte in der vorigen Woche mehrfach eingesetzt und herausgenommen, weil er Gäste zum Abendessen gehabt hatte. Sein Freund Charles hatte ihm geholfen, und sie hatten beim Einsetzen Probleme gehabt; sie mußten die Platte umdrehen, so daß der Nippel ins Loch paßte. Ich deutete, er registriere eine gewisse Asymmetrie. Es gebe eine richtige und eine falsche Weise, wie die Dinge zusammengehörten, und ich hätte ihm dabei genauso wie sein Freund Charles geholfen.

Diese Sitzung war nachdenklicher, und sie eröffnete die Möglichkeit, daß ein freundlicher Analytiker ihm dabei helfen konnte, die Dinge zu sortieren und zu erkennen, daß es Unterschiede gab, etwa zwischen männlich und weiblich und zwischen Erwachsenem und Kind. Aber der Kontakt mit dieser Wahrnehmung von Unterschieden war auch mit einem Verlustgefühl verbunden, mit den fehlenden Bodenbrettern und der Lücke, die offenblieb.

Die nachdenkliche Stimmung war jedoch kurzlebig und wurde von einer Aufwallung von Fröhlichkeit abgelöst. Nach dem Wochenende kam er in einem beeindruckenden weißen Anzug, den er nur sehr selten trug und der als etwas Schickes, Vergnügtes und Besonderes auffiel. Er hatte einen Teil der Zugfahrt zur Analyse mit einer Kollegin verbracht – es war ihm dabei aufgefallen, daß er nicht sagte, wohin er fuhr, und er war froh gewesen, daß sie nicht danach fragte. Vielleicht wußte sie bereits über seine Analyse Bescheid und hatte erraten, daß sie etwas Peinliches war.

Dann fiel ihm ein, daß er den weißen Anzug zur Hochzeit seiner Freunde Charles und Anna getragen hatte, aber mit einer Fliege und roten Hosenträgern, weshalb er ihn als seinen »Clowns-Anzug« bezeichnet hatte. Er hatte mir schon früher erzählt, in welche Verlegenheit ihn dies gebracht hatte, denn er war unerträglich eifersüchtig auf Charles gewesen, als dieser Anna kennengelernt hatte, und hatte einen unbeholfenen und plumpen Versuch gemacht, Anna zu küssen, der beinahe seine Freundschaft mit beiden verdorben hätte. Ich deutete, daß er durch seine Clownerie versuchte, mit seiner Angst vor etwas sehr Beunruhigendem umzugehen, das in ihm aufstieg, wenn er sich ausgeschlossen fühlte. Ich meinte, er sei sich seiner Eifersucht und des Schadens, den seine aufdringlichen Angriffe anrichten konnten, jetzt mehr bewußt.

Vermutlich waren seine Eifersucht und seine deutlichere Wahrnehmung dieses Gefühls durch die nachdenklicheren Stunden der Tage zuvor hervorgerufen worden, die ihn eifersüchtig auf meine Fähigkeit gemacht hatten, die Arbeit mit ihm zu genießen. Ich meinte, daß die Clownerie ein Versuch war, etwas zu bagatellisieren, das ein recht gewaltsamer Angriff schien, der eine wertvolle Beziehung zu zerstören drohte.

Kurz danach begann er eine Stunde mit einer ausführlichen Beschreibung seiner Bemühungen, einen kleinen Vogel zu vertreiben, der sich in sein Wohnzimmer verirrt hatte. Er mußte versuchen, ihn mit Zeitungen und Schachteln zum Fenster hinaus zu treiben. Das Ganze dauerte eine halbe Stunde und endete damit, daß er sich ängstlich fühlte. Er sagte, es habe ihn völlig aus dem Gleichgewicht gebracht. Nachts um ein Uhr bekam er eine Textnachricht mit Vorschlägen, wie er mit dem Vogel umgehen solle, von einer Freundin auf sein Handy; er war überrascht und bemerkte, daß er sie offenbar angerufen hatte, während er mit dem Vogel beschäftigt war. Ich glaube, daß der Vogel ihn in Kontakt mit Gefühlen von Verletzlichkeit brachte, die er loswerden wollte, indem er ihn zum Fenster hinaus scheuchte, und er war beeindruckt, daß es seine Freundin so lange beschäftigt und wachgehalten hatte.

Er erwähnte dann, daß er wegen einer bestimmten Arbeit nervös sei, die bei einer Konferenz im Büro als besonders lobenswert herausgestellt worden war. Er wollte zeigen, daß er sich freute, hörte sich dann aber »wow!« sagen. Das hatte er nicht erwartet. »Wow« sagte er oft, wenn er erregt war, und diesmal folgte es auf eine gute Erfahrung bei der Arbeit. Ich meinte, er sei auch mit sich zufrieden gewesen, als er sich auf rücksichtsvolle Weise um den Vogel gekümmert hatte. Sobald er jedoch erregt werde, glaube er, daß seine Gedanken in meinen Kopf hineingelangt seien und daß sie mich wie seine Freundin mit Erregung und Besorgnis wachhielten. Wenn ich nicht erregt und besorgt reagierte, sei er sich nicht sicher, ob er wirklich zu mir durchgedrungen sei, und er habe manchmal das Gefühl, er müsse zum Eindringling werden, um sicherzugehen, daß ich mich für ihn interessierte. Ich meinte, er fühle sich wie ein Kind, das ins Schlafzimmer der Eltern kommt, und fürchte, daß ich ihn hinausscheuchen wolle. Manchmal habe er offenbar das Gefühl, es gebe für ihn einen berechtigten Grund, sich an die Eltern zu wenden, wie er durch den eigentlichen Grund, zu seinen Sitzungen zu kommen, dargestellt sei; manchmal aber gehe dies ganz in seiner Erregung unter.

Er sagte, die Vorstellung, einen berechtigten Grund für sein Herkommen zu haben, bewege ihn. Als der Vogel in seine Wohnung kam, war er ganz still, und er selbst wollte sanft sein und ihn ruhig zum Fenster bringen, ihn vielleicht mit Brotkrumen dorthin locken. Ich deutete, er wolle, daß ich sanft zu ihm sei und ihn mit gutem Zureden zurück in sein eigenes Bett bringe, wo er sich wie ein Kind fühlen könne, aber nicht gedemütigt. Aber er fürchte immer, ich würde ihn hinausdrängen, wenn er das Gefühl habe, er sei zu gewaltsam eingedrungen.

Diskussion

Es gibt eine umfangreiche Literatur über die Rolle des Blicks, besonders unter dem Gesichtspunkt der Entwicklung eines Identitätsgefühls, die viele Autoren mit der Erfahrung des Wahrgenommenwerdens in Zusammenhang bringen. Die Beschreibung des Spiegelstadiums spielt eine große Rolle in den einflußreichen, aber komplexen Schriften Lacans (1956) wie auch in den stärker klinisch untermauerten Beobachtungen Winnicotts, der das Gesicht der Mutter als ersten Spiegel bezeichnet. »Was erblickt das Kind, das der Mutter ins Gesicht schaut?«, fragt er. »Ich vermute, im allgemeinen das, was es in sich selbst erblickt« (1967, S. 129). Diese Art und Weise, sich selbst im Objekt zu sehen, ist ein Beispiel für eine narzißtische Objektbeziehung, und Winnicott betont wie Kohut (1971) die Bedeutung des zustimmenden Blicks der Mutter für das Selbstwertgefühl des Kindes. Diese Ansicht vertritt auch Wright, der schreibt: »Das Bild des Kindes, das der Andere ihm zurückvermittelt, wird so zur Form, in der es sich selbst begreift und kennenlernt« (1991, S. 270). Aber Wright sieht auch, daß der Blick der Mutter anklagend und erschreckend sein kann und daß dieser Gesichtspunkt bei psychotischen und Borderline-Patienten offensichtlich eine größere Rolle spielt.

Es gibt auch eine enorme Menge an Literatur zur Scham (Feldman 1962, Mollon 2003, Morrison 1987, Nathanson 1987, Wurmser 1981, Yorke 1990); dieses Thema wurde von kleinianischen Autoren eher vernachlässigt. Rosenfeld machte besonders in seinem Spätwerk (Rosenfeld 1987) auf die Bedeutung der Demütigung aufmerksam; auch Segal hat einen wichtigen Beitrag geleistet, der leider nicht veröffentlicht wurde (Segal 2002).

In dieser Arbeit, die sich mit der Rolle des Sehens bei der Psychose beschäftigt, wird ein Patient beschrieben, dessen »gesunde Neugierde« in einen allmächtigen und allwissenden Voyeurismus verwandelt wurde. Wie bei meinem Patenten wurde aus dem Voyeurismus ein Exhibitionismus, da »der ganze Zweck, zu dem er seine Augen gebrauchte, darin bestand, in das Objekt einzudringen, damit es sich an seiner Stelle klein fühlte und er zum Gegenstand von Bewunderung und Neid wurde«. Obwohl Segal nicht besonders auf das Thema Demütigung eingeht, beschreibt sie, daß ihr Patient besonders Angst davor hatte, durchschaut zu werden. Ebenso bedeutsam ist eine Arbeit Riesenberg-Malcolms (1999); sie beschreibt sehr genau eine Patientin, die sich mittels einer perversen Phantasie mit einem Spiegel, bei der das Beobachtet- und Gedemütigtwerden eine zentrale Rolle spielen, vor einem Zusammenbruch schützt. In dieser Phantasie geht es wie bei meinem Patienten um Voyeurismus und Exhibitionismus, und die Patientin erregte die Neugier der Analytikerin und erlebte sie als erregte Zuschauerin. Die Rolle des Blicks steht auch im Mittelpunkt einer neueren Arbeit über den Fall Schreber (Kap. 5 in diesem Band), in der ich darauf hinweise, daß die Erfahrung der Demütigung ein wichtiger Bestandteil der Melancholie Schrebers war. Ich vertrete die Ansicht, Schreber habe den Blick genutzt, um jenen Prozeß umzukehren, was zunächst zu einer omnipotenten Überlegenheit, sogar Gott gegenüber, später aber zu einer Eskalation seiner Paranoia geführt hatte.

Das hier vorgestellte klinische Material bestätigt die Auffassung, daß das Sehen eine besondere Rolle spielt, die weit darüber hinaus geht, das Auge zum Aufnehmen von Informationen über die äußere Welt zu verwenden. Patienten sind anfällig für das Gefühl von Demütigung, wenn sie von anderen beobachtet werden. Dies kann der Ausgangspunkt für eine ganze Reihe von defensiven und aggressiven Maßnahmen sein, mit denen versucht wird, die Demütigung ins Gegenteil zu verkehren. Bei dieser Art

[157]

von Interaktion spielt der Blick eine zentrale Rolle, als Mechanismus wie als Metapher. Offenbar gewinnt in manchen Situationen die Frage der Überlegenheit oder Unterlegenheit eine wichtige Bedeutung, und wenn der Patient das Gefühl hat, auf ihn werde herabgeschaut, versucht er die Situation umzukehren, indem er sich Überlegenheit aneignet und Unterlegenheit projiziert.

In solchen Interaktionen, wie ich sie zu beschreiben versuchte, scheint das Sehen einige der Mechanismen auf sich zu ziehen, welche sich früher der primitiveren Sinne wie Geschmack, Geruch, Berührung und Propriozeption bedienten; durch diese phylogenetisch älteren Sinnesmodalitäten werden primitive psychische Mechanismen ausgedrückt. Introjektion etwa ist ursprünglich verknüpft mit der Nahrungsaufnahme, während Projektion mit Wiederausspeien, Erbrechen und der Ausscheidung von Fäzes und Urin zu tun hat.

In den frühen Entwicklungsstufen sind diese Körperfunktionen *nicht* mit Demütigung assoziiert, vielleicht weil ihre große Nähe zum Objekt zu einer Teilobjekt-Beziehung führt. Während jedoch die relativ primitiven Nahsinne besonders im Zusammenhang mit Grundfunktionen wie Essen, Ausscheidung, Sex und der Auseinandersetzung mit Krankheit und Tod lebenslang von Bedeutung sind, werden sie in vielen Bereichen vom Gesichtssinn überlagert und später mit Demütigung und Scham verknüpft.

Die Demütigung entsteht aus dem Gesehenwerden, und weil das Sehen Wahrnehmung aus der Entfernung ermöglicht, wird Demütigung damit in Verbindung gebracht, als ganze Person gesehen zu werden. Dies wird im allgemeinen als unerträglich erlebt, besonders dann, wenn zuvor narzißtische Mechanismen das Gefühl, klein und minderwertig zu sein, maskiert haben. Der Patient mag es dann so empfinden, daß andere Leute ihn durchschauen und daß peinliche Eigenschaften, die bislang verborgen waren, jetzt klar zu erkennen sind. In diesem Zusammenhang kann Demütigung das Gefühl auslösen, von Fragmentierung und

Zusammenbruch bedroht zu sein, wenn keine Entlastung von der unerträglichen Qualität des Erlebens gefunden wird. Der Patient sagt dann oft, er würde lieber sterben, oder er wolle nur noch verschwinden, die Erde möge sich auftun und ihn verschlucken. Wenn die Ganzobjekt-Beziehung unerträglich wird, muß sie durch primitivere Teilobjekt-Beziehungen ersetzt werden, die auf Spaltung, projektiver Identifizierung und der Entwicklung von pathologischen Abwehrorganisationen beruhen; diese erlauben es dem Subjekt, zu verschwinden und in einem *psychischen Rückzug* Schutz zu finden (Steiner 1993). Jetzt kann der Gesichtssinn benutzt werden, um in das Objekt einzudringen und das Gefühl der Demütigung ins Gegenteil zu verkehren, während die Fragmentierung abgewendet wird, indem eine Beziehung zu einem mehr oder minder ganzen Objekt aufrechterhalten wird. Dies gelingt dem Gesichtssinn dadurch, daß er perverse Seiten annimmt, bei denen Erregung, Erotisierung und Triumph als Methoden ins Spiel kommen, um die Erfahrung des Gedemütigtwerdens ins Gegenteil zu verkehren, indem man einen anderen demütigt. Diesen Mechanismus hat Stoller (1975) erkannt; er beschrieb, wie Perversion und Pornographie benutzt werden können, um das Gefühl von Demütigung ins Gegenteil zu verkehren, und erklärte, wie Perversion der Abwehr von psychotischer Desintegration dienen kann, wie es bei Malcolms oben erwähnter Patientin der Fall war.

Der Mechanismus beruht auf der Fähigkeit des Auges, einige der Funktionen zu übernehmen, die früher den Nahsinnen zugeordnet waren und mit Teilobjekt-Beziehungen verbunden sind. Insbesondere Projektion und Introjektion werden jetzt übers Auge vermittelt, und der Blick erwirbt die Fähigkeit zur Penetration: Er kann jetzt nicht mehr nur zur Beobachtung des Objekts als ganzem verwendet werden, sondern auch dazu, in das Objekt einzudringen und sich mit ihm zu identifizieren. Die mit dem Eindringen verbundene Erregung verwandelt die Position des Kindes in die eines Voyeurs, und die Identifizierung kann zu einer

[159]

weiteren phantasierten Verwandlung vom entfernten Beobachter in einen Beteiligten mit Körperkontakt führen. Es ist so, als würde das Sehen als Nahsinn gebraucht, was das Errichten einer Teilobjekt-Beziehung ermöglicht; unerwünschte Elemente können so wieder außer acht gelassen werden.

Das Kind findet auch heraus, daß die Augen eine verführerische Macht haben, mit der es die Mutter in eine bewundernde Position bringen kann. Bewunderung ist ein wichtiges Mittel, um der Demütigung entgegenzuwirken. Tatsächlich kann sich eine auf gegenseitige Bewunderung gegründete Beziehung zwischen Kind und Mutter entwickeln, die häufig erotisiert und über den Blick ausgetragen wird. Manchmal kann die Bewunderung wahnhafte Ausmaße annehmen und zu einer folie à deux werden (Mason 1994, D. Steiner 1997); viel hängt dabei von der Fähigkeit der Mutter und des Kindes ab, einen Kontakt zur Realität aufrechtzuerhalten.

Neben dem Sehen kann auch das Hören eine Entfernung überbrücken. Am Anfang des Lebens ist das Schreien ein wichtiges Mittel, Pein zu kommunizieren, aber auch zu projizieren. Mit der Sprachentwicklung gewinnen das Reden und Hören eine sehr große Bedeutung. Wörter sind bekanntlich die Währung der Psychoanalyse, und ihre Beziehung zum Sehen ist komplex. Die Urszene ist ein visueller Begriff, aber sie wird genauso oft oder sogar öfter mit den Ohren als mit den Augen wahrgenommen, und das Wissen über ihre verschiedenen Bedeutungen wird durch das Denken in Worten ermöglicht. Wie der Gesichtssinn einige Funktionen der Nahsinne übernimmt, ohne sie zu ersetzen, übernehmen auch das Hören und insbesondere die Sprache einige Funktionen des Sehens. Auf jemanden herabsehen oder zu jemandem aufblicken sind visuelle Akte, aber sie haben in ihrer sprachlichen Repräsentation eine metaphorische Bedeutung gewonnen. Manchmal kann eine Deutung, die eigentlich Bedeutung vermitteln soll, im Patienten das Gefühl hervorrufen, er werde beobachtet, und selbst wenn er sich verstanden fühlt, kann dies als Demütigung erlebt werden.

Ich glaube, man kann einige dieser Überlegungen mit der Neigung meines Patienten, fast jeden Aspekt der Analyse als Demütigung zu erleben, in Verbindung bringen. Diese Tendenz zeigte sich, als er aus seiner narzißtischen Organisation heraustrat, um sich mehr auf mich einzulassen und mich als ganze Person zu sehen. Eine Zeitlang konnte er das tolerieren, aber schließlich entwickelte er das Gefühl, er sei aus einer privilegierten Position vertrieben worden. Deswegen fühlte er sich klein und ausgeschlossen, und er versuchte, mit diesen Gefühlen umzugehen, indem er sie ins Gegenteil verkehrte. Wenn er in einen Bereich meines Privatlebens gelangte, hatte er den Eindruck, er könne ein seiner Meinung nach verbotenes Wissen über mich gewinnen. Dies brachte ihn oft in eine voyeuristische Situation, in der es ihn erregte, mich anzuschauen, und er eine Teilobjekt-Beziehung wiederherstellen konnte. Aufgrund seiner Phantasien des Eindringens fühlte er sich weniger ausgeschlossen und gedemütigt, und seine Fähigkeit, in meinem vermeintlichen Schutzpanzer eine Lücke oder Schwachstelle zu finden, ermöglichte ihm Triumphgefühle und die Chance, auf mich herabzusehen.

In die Toilette und auf die um meinen Sessel verstreuten Papiere zu schauen, war für ihn offenbar eine Gelegenheit, eine Version der Urszene zu beobachten, und seine Phantasien legten nahe, daß er diese Gelegenheit nutzte, um mich zunächst voyeuristisch zu beobachten und sich anschließend mit mir zu identifizieren und zu einer Person meines Privatlebens zu werden. Er stand da und pinkelte, genauso wie ich, und das Bild, wie ich inmitten meines Papierhaufens saß, entsprach dem Papierhaufen bei ihm zu Hause auf dem Tisch.

Ziel des Voyeurismus war es, einzudringen und sich die Eigenschaften anzueignen, von denen er dachte, sie würden bewundert; dies veranlaßte ihn dazu, seine Leistung in der Hoffnung auf

Bewunderung stolz vorzuführen. Wenn er gegen mich punktete, konnte er meine vermeintliche Überlegenheit und dadurch seine Gefühle von Demütigung ins Gegenteil verkehren.

Die Papiere und Notizen neben meinem Sessel führten jedoch zu Assoziationen, wie seine Mutter geschrieben hatte, was ihn offenbar interessierte und berührte. So wurde eine andere Art von Kontakt ermöglicht, bei der er die Vorstellung von Getrenntheit und Verschiedenheit besser ertragen konnte. Er konnte Erinnerungen wachrufen, die zeigten, daß seine Mutter eine Karriere mit einigem Potential und eigenen Leistungen hatte, die er achtete und um die er sie beneidete. In seinen Assoziationen ging es auch um Verlust, um ein Bedauern, daß er früher nicht mehr über ihre Depression in Erfahrung gebracht hatte, und um die Angst, es könnte jetzt dafür zu spät sein. Er konnte die Anerkennung von Unterschieden eine Zeitlang aufrechterhalten; der Traum mit der Lücke in den Bodenbrettern schien mit einem Gefühl von Traurigkeit und Verlust verknüpft zu sein. In diesen Sitzungen drückte sich meines Erachtens eine Fähigkeit des Patienten aus, seinen Gesichtssinn zu gebrauchen, um ein Interesse am Objekt widerzuspiegeln und um das Objekt zu beobachten und etwas Interessantes über es herauszufinden. Seine Zudringlichkeit ließ für eine Weile nach, aber der Kontakt ließ sich nicht aufrechterhalten; es schloß sich wieder eine exhibitionistische Sitzung an, in der ihn sein weißer Anzug an seine Clownerien bei der Hochzeit seiner Freunde erinnerte; Sequenzen des Kontakts und der erregten Zudringlichkeit wechselten sich regelmäßig ab. Dennoch hatte ich den Eindruck, daß sogar das erregte Herumgekaspere teilweise verstanden wurde und er sehen konnte, wie seine Eifersucht gegenüber dem Freund und dem heiratenden Paar seinen Angriff provozierte.

Die Sitzung, in der er über den in seiner Wohnung eingeschlossenen Vogel sprach, erschien mir auch als eine Mischung aus erregtem Eindringen und dem Anerkennen von etwas Zartem und Sanftem, das bedroht war. Seine Identifizierung mit dem Vogel und seine Angst, gewaltsam hinausgejagt zu werden, verbanden sich mit der Furcht vor seiner eigenen Gewaltsamkeit; er war besorgt, er könnte in Versuchung geraten, den Vogel umzubringen, falls er aus Frustration die Kontrolle verlieren sollte.

Meiner Ansicht nach läßt sich erkennen, daß sein Bedürfnis, Getrenntheit und Verschiedenheit abzuwehren, nicht absolut war und daß er zeitweise einen Kontakt zuließ, der ihn mit Gefühlen von Bedürftigkeit und Verlust in Berührung brachte. Diese Gefühle setzen die Fähigkeit voraus, eine Ganzobjekt-Beziehung auszuhalten, in der gute und schlechte Aspekte des Objekts und des Selbst toleriert werden. In diesen Momenten konnte er in der Analyse etwas Wertvolles finden, aber er konnte diesen Zustand nur schwer aufrechterhalten; schnell gelangte er wieder zu der Überzeugung, er sei klein und minderwertig, was bedeutete, daß er den Kontakt als Demütigung erlebte. Es folgten weitere Versuche, die Situation umzudrehen, mit mir die Rollen zu tauschen und mich in die Position des ausgeschlossenen Beobachters zu bringen. Wie immer in analytischen Behandlungen nahm der Fortschritt eine zyklische Form an: Phasen der Weiterentwicklung wechselten mit Phasen der Regression ab, aber es kam mir trotzdem so vor, als würde etwas langsam durchgearbeitet, auch wenn jeder Schritt vorwärts das Rückgängigmachen von bereits erreichten Fortschritten mit sich brachte. Ein wichtiger Bestandteil seines Fortschritts war das bessere Verständnis seiner Neigung, sich klein und gedemütigt zu fühlen; dies ermöglichte ihm, längere Phasen von Getrenntheit auszuhalten, zunehmend Verluste zu ertragen und eine Fähigkeit zu entwickeln, für seine eigenen Belange einzutreten.

Aus dem Englischen von Peter Vorbach

Literatur

Bion, W. R. (1957): Zur Unterscheidung von psychotischen und nicht-psychotischen Persönlichkeiten. In: E. Bott Spillius (Hrsg.), Melanie Klein heute. Entwicklungen in Theorie und Praxis, Bd. 1: Beiträge zur Theorie, 3. Aufl. Stuttgart 2002: Klett-Cotta, S. 75–99.

Bion, W. R. (1962): Lernen durch Erfahrung. Frankfurt am Main 1990: Suhrkamp.

Britton, R. S. (1998): Glaube, Phantasie und psychische Realität. Stuttgart 2001: Klett-Cotta.

Britton, R., Feldman, M. & Steiner, J. (2001): Narzißmus, Allmacht und psychische Realität. Beiträge der Westlodge-Konferenz III. Perspektiven Kleinianischer Psychoanalyse, Bd. 9, hrsg. v. C. Frank und H. Weiß. Tübingen: edition diskord.

Cotard, J. (1880): Du délire hypochondriaque dans une forme grave de la mélancolie anxieuse. Annales medico-psychologiques, 4, 168–174.

Feldman, S. (1962): Blushing, fear of blushing and shame. Journal of the American Psychoanalytic Association, 10, 368–385.

Freud, S. (1911c): Psychoanalytische Bemerkungen über einen autobiographisch beschriebenen Fall von Paranoia (Dementia paranoides). G. W. VIII, S. 239–316.

Freud, S. (1912a): Nachtrag zu dem autobiographisch beschriebenen Fall von Paranoia (Dementia paranoides). G. W. III, S. 317–320.

Freud, S. (1916–17g): Trauer und Melancholie. G. W. X, S. 427– 446.

Freud, S. (1927e): Fetischismus. G. W. XIV, S. 309–317.

Freud, S. (1940e): Die Ichspaltung im Abwehrvorgang. G. W. XVII, S. 57–62.

Katan, M. (1959): Schreber's hereafter – its building-up (Aufbau) and its downfall. Psychoanal. St. Child, 14, 314–382.

Klein, M. (1929): Die Rollenbildung im Kinderspiel. In: Gesammelte Schriften, Bd. I, Teil 1, hrsg. v. Ruth Cycon. Stuttgart 1995–2002: Frommann-Holzboog.

Klein, M. (1935): Beitrag zur Psychogenese der manisch-depressiven Zustände. Gesammelte Schriften, Bd. I, Teil 2, S. 29–75. (auch in: dies., Das Seelenleben des Kleinkindes, 7. Aufl. Stuttgart 1997: Klett-Cotta, S. 55–94).

Klein, M. (1946): Bemerkungen über einige schizoide Mechanismen. Gesammelte Schriften, Bd. III, S. 1–41. (auch in: dies., Das Seelenleben des Kleinkindes, 7. Aufl. Stuttgart 1997: Klett-Cotta, S. 131–163.

Klein, M. (1957): Neid und Dankbarkeit. Eine Untersuchung unbewußter Quellen. Gesammelte Schriften, Bd. III, S. 279–367. (auch in: dies., Das Seelenleben des Kleinkindes, 7. Aufl. Stuttgart 1997: Klett-Cotta, S. 225–242.

Kohut, H. (1971): Thoughts on narcissism and narcissistic rage. Psychoanal. Study Child, 27, 377–378.

Lacan, J. (1956): Die Psychosen. Das Seminar Buch 3. Weinheim 1997: Quadriga.

Lothane, Z. (1992): In defence of Schreber: soul murder and psychiatry. Hillsdale: Analytic Press.

Mason, A. A. (1994): A Psychoanalyst looks at a hypnotist: A study of Folie à deux. Psychoanalytic Quarterly, 63, 641–679.

Meltzer, D. (1984): Traumleben. Eine Überprüfung der psychoanalytischen Theorie und Technik. München/Wien: Verlag Internationale Psychoanalyse 1988.

Mollon, P. (2003): Shame and Jealousy: The Hidden. London: Karnac Books.

Money-Kyrle, R. (1971): The aim of psychoanalysis, in: D. Meltzer & E. O'Shaughnessy (Hrsg.), The collected papers of Roger Money-Kyrle. Strath Tay, Perthshire 1978: Clunie Press, S. 442–449.

Morrison, A. (1987): The Shame Experience. International Journal of Psycho-Analysis, 68, 307–310.

Nathanson, D. L. (1987): The Many Faces of Shame. New York: The Guilford Press.

Niederland, W. (1959a): Schreber: father and son. Psychoanalytic Quarterly, 28, 151–169.

Niederland, W. (1959b): The »miracled-up" world of Schreber's childhood. Psychoanal. St. Child, 14, 383–413.

Niederland, W. (1960): Schreber's father. Journal of the American Psychoanalytic Association, 8, 492–499.

O'Shaughnessy, E. (1981): Klinische Untersuchung einer Abwehrorganisation. In: E. Bott Spillius (Hrsg.), Melanie Klein heute, Bd. 1: Beiträge zur Theorie, 3. Aufl. Stuttgart 2002: Klett-Cotta, S. 367–380.

O'Shaughnessy, E. (1992): Enklaven und Exkursionen. In: C. Frank & H. Weiß (Hrsg.), Kann ein Lügner analysiert werden? Emotionale Erfahrungen und psychische Realität in Kinder- und Erwachsenenanalysen. Tübingen 1998: edition diskord, S. 60–82.

Ricks, C. (1976): Keats and Embarrassment. London: OUP.

Riesenberg-Malcolm, R. (1999): Two ways of experiencing shame. Unveröffentlicher Vortrag auf dem Internationalen Psychoanalytischen Kongreß in Santiago de Chile.

Riesenberg-Malcolm, R. (2003): Unerträgliche seelische Zustände erträglich machen. Stuttgart: Klett-Cotta.

Riviere, J. (1936): Beitrag zur Analyse der negativen therapeutischen Reaktion. In: Joan Riviere. Ausgewählte Schriften, hrsg. v. Lili Gast. Tübingen 1996: edition diskord, S. 138–158.

Rosenfeld, H. A. (1964): Zur Psychopathologie des Narzißmus. Ein klinischer Beitrag. In: ders., Zur Psychoanalyse psychotischer Zustände. Frankfurt am Main 1989: Suhrkamp Taschenbuch Wissenschaft, S. 299–319.

Rosenfeld, H. A. (1971): Beitrag zur psychoanalytischen Theorie des Lebens- und Todestriebes aus klinischer Sicht: Eine Untersuchung der aggressiven Aspekte des Narzißmus. In: E. Bott Spillius (Hrsg.), Melanie Klein heute. Entwicklungen in Theorie und Praxis, Bd. 1. Beiträge zur Theorie, 3. Aufl. Stuttgart 2002: Klett-Cotta, S. 299–319.

Rosenfeld, H. A. (1987): Sackgassen und Deutungen. Therapeutische und antitherapeutische Faktoren bei der psychoanalytischen Behandlung von psychotischen, Borderline- und neurotischen Patienten. München 1990: Verlag Internationale Psychoanalyse.

Santner, E. L. (1996): My own private Germany. Daniel Paul Schreber's secret history of modernity. Princeton (NJ): Princeton University Press.

Schreber, D. P. (1903): Denkwürdigkeiten eines Nervenkranken (Hrsg. G. Busse). Gießen 2003: Psychosozial-Verlag.

Segal, H. (1972): A delusional system as a defence against the re-emergence of a catastrophic situation. International Journal of Psycho-Analysis, 53, 393–401.

Segal, H. (2002): Vision. Unveröffentlicht.

Seidler, G. H. (1995): Der Blick des Anderen. Eine Analyse der Scham. Stuttgart: Klett-Cotta.

Steiner, D. (1997): Mutual admiration between mother and baby: a folie à deux? In: J. Raphael-Leff & R. Perelberg (Hrsg.), Female Experience. London: Routledge.

Steiner, J. (1985): Turning a blind eye. The cover-up for Oedipus. International Review of Psycho-Analysis, 12, 161–171.

Steiner, J. (1990): The retreat from truth to omnipotence in Oedipus at Colonus. International Review of Psycho-Analysis, 17, 227–237.

Steiner, J. (1991): A psychotic organization of the personality. International Journal of Psycho-Analysis, 72, 201–207.

Steiner, J. (1993): Orte des seelischen Rückzugs. Pathologische Organisationen bei psychotischen, neurotischen und Borderline-Patienten, 2. Aufl. Stuttgart 1999: Klett-Cotta.

Steiner, J. (1997): Vergeltung und Groll in der ödipalen Situation. In: R. Britton, M. Feldman & J. Steiner, Groll und Rache in der ödipalen Situation. Perspektiven Kleinianischer Psychoanalyse, Bd. 1 (Hrsg. C. Frank & H. Weiß). Tübingen: edition diskord, S. 23–42.

Steiner, J. (1998a): Identifikation und Imagination, in: R. Britton, M. Feldman & J. Steiner, Identifikation als Abwehr. Perspektiven Kleinianischer Psychoanalyse, Bd. 4, hrsg. v. C. Frank und H. Weiß. Tübingen: edition diskord, S. 45–64.

Steiner, J. (1998b): Confrontations in analysis. Unveröffentlicher Vortrag, London, Westlodge Konferenz 1998.

Steiner, J. (1999): Der Kampf um Vorherrschaft in der ödipalen Situation. In: H. Weiß (Hrsg.), Ödipuskomplex und Symbolbildung. Ihre Bedeutung bei Borderline-Zuständen und frühen Störungen. Hanna Segal zu Ehren. Perspektiven Kleinianischer Psychoanalyse, Bd. 5. Tübingen: edition diskord.

Steiner, J. (2000): Containment, enactment and communication. International Journal of Psycho-Analysis, 81, 245–255.

Steiner, J. (2001): Improvement, embarrassment and indignation. Bulletin of the British Psychoanalytic Society, 36, Nr. 7.

Steiner, J. (2003): Gaze, Dominance, and Humiliation in the Schreber Case. International Journal of Psycho-Analysis, 85, 269–284. Deutsch: Kap. 5 im vorliegenden Band.

Stoller, R. (1975): Pornographie und Perversion. In: ders.: Perversion. Die erotische Form von Haß. Gießen 1998: Psychosozial Verlag, S. 93–124.

Weiß, H. & Frank, C. (Hrsg.) (2002): Pathologische Persönlichkeitsorganisationen als Abwehr psychischer Veränderung. Perspektiven Kleinianischer Psychoanalyse, Bd. 10. Tübingen: edition diskord.

White, R. (1961): The mother-conflict in Schreber's Psychosis. International Journal of Psycho-Analysis, 42, 55–73.

Winnicott, D. W. (1967): Die Spiegelfunktion von Mutter und Familie in der kindlichen Entwicklung. In: ders., Vom Spiel zur Kreativität, 2. Aufl. Stuttgart 1979: Klett-Cotta, S. 101–110.

Wright, K. (1991): Vision and Separation. Northvale (NJ): Jason Aronson.

Wurmser, L. (1990): Die Maske der Scham. Die Psychoanalyse von Schamaffekten und Schamkonflikten. Berlin/Heidelberg/New York: Springer.

Yorke, C. (1990): The Development and Functioning of the Sense of Shame. Psychoanal. St. Child, 45, 377–409.

Quellennachweise

Kapitel 1 Fortschritte in einer Analyse, Verlegenheit und Empörung
Erstveröffentlichung in: H. Weiß & C. Frank (Hrsg.), Pathologische Persönlichkeitsorganisationen als Abwehr psychischer Veränderung. Tübingen 2002: edition diskord, S. 67–88.

Kapitel 2 Das Auftauchen aus einem Ort des seelischen Rückzugs
Unveröffentlichter Vortrag »Emerging from a Psychic Retreat« anläßlich der 6. Westlodge-Konferenz in London, 2000.

Kapitel 3 Die Angst vor Demütigung und Spott
Unveröffentlichter Vortrag »The Dread of Exposure to Humiliation and Ridicule« anläßlich der 8. Westlodge-Konferenz 2002 in London.

Kapitel 4 Ein Patient mit Visionen
Erstveröffentlichung in: R. Britton, M. Feldman & J. Steiner, Narzißmus, Allmacht und psychische Realität, hrsg. von C. Frank & H. Weiß. Tübingen 2001: edition diskord.

Kapitel 5 Blick, Vorherrschaft und Erniedrigung im »Fall Schreber«

Die Arbeit wurde in der vorliegenden Form anläßlich des klinischen Seminars »Seeing and Being Seen. Aspects of Embarrassment« am 17. Mai 2003 in Zoagli, Italien, vorgetragen. Eine veränderte und erweiterte Version erschien 2004 im International Journal of Psycho-Analysis (85, 269–284) unter dem Titel »Gaze, Dominance and Humiliation in the Schreber Case«.

Kapitel 6 Sehen und Gesehenwerden – narzißtischer Stolz und narzißtische Demütigung
Unveröffentlichter Vortrag anläßlich des 2. Klinischen Seminars »Seeing and Being Seen« 2005 in Zoagli, Italien.

Wir danken dem Verlag edition diskord, Tübingen, und den Herausgebern des International Journal of Psycho-Analysis für die Abdruckgenehmigung.

John Steiner:
Orte des seelischen Rückzugs
Pathologische Organisationen bei psychotischen, neurotischen
und Borderline-Patienten
Aus dem Englischen von Heinz Weiß
227 Seiten, Leinen, ISBN 3-608-91735-7

Das Buch beantwortet Fragen, vor denen Analytiker insbesondere bei
der Behandlung von Borderline-Patienten immer wieder stehen:
Wie können sie vorgehen, wenn Patienten sich seelisch extrem
zurückziehen? Wenn ihr Leben im Chaos zu erstarren droht und die
Behandlung stagniert? Wie lassen sich die verschiedenen Formen
seelischen Rückzugs analytisch verstehen?
Steiner hat solche Zustände vor allem in der Analyse von Borderline-
Patienten beobachtet, deren Behandlung in völliger Stagnation
oder einem destruktiven Übertragungsangebot zu erstarren drohte.
Nach seiner Erkenntnis ist es nötig, daß die Patienten Erfahrungen
der Trennung und des Verlusts durcharbeiten, damit sie sich aus
der rigiden Abwehrorganisation lösen und die Pseudostabilität des
Rückzugs in eine lebendige Entwicklung verwandeln können.

Günter H. Seidler:
Der Blick des Anderen
Eine Analyse der Scham
Mit einem Geleitwort von Léon Wurmser und einem Vorwort
von Otto F. Kernberg
360 Seiten, gebunden, ISBN 3-608-91283-5

Scham entsteht durch den Blick des Anderen; in ihr zeigt sich die
Differenz zwischen Ich und Gegenüber, zwischen Vertraut und
Fremd. Ihre Entstehung ist verbunden mit der Entwicklung des
Selbstverhältnisses und der Beziehung zu anderen. Die theoretische
Spannbreite und klinische Relevanz seines Entwurfs zeigen sich
in einer Neuinterpretation der Schöpfungsgeschichten des Alten
Testaments und des Ödipus-Mythos sowie in zahlreichen illustrativen
Fallgeschichten.

Klett-Cotta
www.klett-cotta.de

Kleinianische Theorien in klinischer Praxis
Schriften von Elizabeth Bott Spillius
Herausgegeben von Claudia Frank und Heinz Weiß
253 Seiten, gebunden, ISBN 3-608-94023-5

Die erste Monographie mit grundlegenden Arbeiten der international bekannten Analytikerin Elizabeth Bott Spillius. Sie gibt Einblick in ihr klinisches Denken und in die Weiterentwicklung Kleinianischer Theorie.
In diesem Band sind wichtige Arbeiten von Elizabeth Bott Spillius zusammengetragen. Alle Artikel erscheinen erstmals in deutscher Sprache; einige werden hier im Original publiziert, andere, die zuvor in englischsprachigen Zeitschriften erschienen, wurden für dieses Werk neu bearbeitet oder aktualisiert. Gemeinsamer inhaltlicher Schwerpunkt ist die Anwendung Kleinianischer Konzepte auf klinische Therapiesituationen.

Ronald Britton:
Glaube, Phantasie und psychische Realität
Psychoanalytische Erkundungen
Aus dem Englischen von Antje Vaihinger
286 Seiten, gebunden, ISBN 3-608-94289-0

Ausgehend von einer Kleinianischen Perspektive und einer reichhaltigen klinischen Erfahrung durchziehen Brittons Überlegungen zu Glaube, Phantasie und ihr Verhältnis zur Realität und Imagination alle Kapitel. Der Autor fragt nach dem heutigen Stellenwert der Phantasien und stellt fest, daß sie in der Alltagssprache und der Literaturwissenschaft durchaus als psychische Funktion wahrgenommen werden, daß sie aber in den modernen Kognitions- und Wahrnehmungswissenschaften und der heutigen Philosophie keine rechte Heimat besitzen.
Diese und ähnliche Fragen führen den Autor zu Überlegungen, die sich mit der Funktion der Phantasie befassen. Was ist Phantasie und welche Stellung nimmt sie ein, wenn wir heutzutage über ein Modell für seelische Vorgänge nachdenken?

Klett-Cotta
www.klett-cotta.de